神秘學事典III

UFO機密檔案解密

關加利　列宇翔

自序 1

今次同愚兄合寫這本書確是波折重重，自己健康出少問題，休養了一段時間，故此重新執筆時將原本的初稿改動多次。飛碟題目自問不是專家，所以我用陰謀論和歷史角度來看看近代各種的飛碟事件。兩人合寫這本有關飛碟的書，我們各有不同調子和取向。在溝通的過程中，發覺同一件事的睇法都因為不同的切合點，而各有不同。所以今次一書兩讀，兩位作者不同文章不同解讀，內容更加豐富。

寫這本書時，事前的考據不是太大難題，最大煩惱就人物的譯名。原來大陸、香港、台灣三地很多有關飛碟事件的人物都沒有中譯名，所以與編輯商量後，最後自己決定翻譯名，所以希望讀者見諒！內容更將香港讀者有興趣的內容，例如 MJ-12，英國黑客 Gary McKinnon，我都搜集更深入的資料，從而令到讀者更明白整個故事。我寫有關 2007 年美國空軍飛碟視頻時，加上看了近日美國政府的飛碟聽證會，我有種感覺，相信未來不久美國政府必定對飛碟 / 外星人更開放，可能深層政府都認為秘密已不能再掩飾，真相快將揭開！

The Truth is Out There !

關加利

自序 2

歷來 UFO 研究者／愛好者探求 UFO 之秘，大抵有幾條路向。

第一種是「科研」型，他們會紀錄不明飛行物的出沒地點、行動模式（如線性行動，還是忽隱忽現難以捉摸；能否以超出已知技術的方式急轉彎；行進速度是否驚人等）、品種類型（碟型、雪茄型、光點）、出現的高度及經緯度。他們會調查 UFO 出沒附近有否廣告氣球、當日有沒有流星、目擊者是否誤把衛星當成不明物體等。這類型的研究者甚至會採訪目擊人士，從而了解更多事件的細節。

第二種是求真／打假型，針對近年大量發佈於網絡的 UFO 影片及照片，憑電腦技術看箇中有沒有人工偽做或改圖的痕跡。

第三種是「訊息」型，簡單來講是「通靈」，那類人士自稱有能力接收「來自外星的訊息」；又或者，他們是「被選中的一群」，並非他們有意接通外星訊息，而是外星生命主動找上他們。

第四類是「文獻」型，專門研究不明飛行物的各類檔案。

筆者自問並非第一、二、三型，皆因缺乏相關的專門知識、能力和財力；勉強可歸入第四型，但 UFO 絕不是專長所在（因已太多箇中專家了，所以藏拙避開此大題目）。個人寫作雖涉及神秘範疇，慣於專攻某些我感興趣的題材，例如以往寫過的古今中外殭屍、古今中外龍、古今中外惡魔等等，但從來沒想過輕易觸及 UFO 題材。

這本《UFO機密檔案解密　神秘學事典III》的誕生，來自我與 Gary　閒聊時談及那陣子熱話——美國政府公佈不明飛行物檔案。聽見 Gary 信手拈來大量坊間難以看到的「背後故事」，我彷如聽著一場現場版的「無奇不有」節目，心想，何不把這些變成《神秘學事典III》呢？於是便邀請 Gary 出手了。豈料……

「不如你也寫一部分吧！」

「吓，UFO 我不擅長呀。」但要事務繁忙的 Gary 首肯，我心想自己的參與可以「促成」此事，便膽粗粗決定下海了。正好那時搜羅了好些英國 UFO 資料（原意是見到許多港人移英，令我對英國的古靈精怪事產生興趣，本來只打算用來做一集 YouTube 「異界默示錄」節目），於是和 Gary 講好，他寫美國部分，我寫英國……

正如前述，身為一個「閱讀反芻」型的作者，英國不明飛行物事件勝在有「硬淨」的檔案在，鑽研起來不致虛無飄渺。雖然官方例牌否認個案中的不明飛行物涉及外星生命，但從官方的蒼白解說中，我們可看出許多破綻。單是這樣，就已充滿趣味性。

近兩三年美國官方對於 UFO / UAF 的態度改弦易轍，和仍然保守的英國人相映成趣。究竟箇中發生了什麼事？翻開本書各章節，讀者應該會找到頭緒。

王若愚（列宇翔）

目錄

Chapter 2 英國秘密檔案

附錄：

導言

UFO / UAP 現象新篇

美國公佈檔案及舉辦聽證會

列宇翔

2020 年 12 月，美國國會通過「情報授權法案」，要求情報機構和國防部官員提交報告，以審查美軍近年來目睹的「不明飛行現象」(unidentified aerial phenomena，簡稱 UAP)。該法案說，UAP 對美國國家安全具潛在威脅，美國政府在搜集和分析此等現象一事缺乏通盤合作，情報界有責任協調一致分析和調查這些不明現象，以喚起政府高層官員的關注。因應國會要求，美國國家情報總監辦公室 (Office of the Director of National Intelligence，ODNI) 於 2021 年 6 月 25 日公開發佈對「不明空中現象」的評估報告。

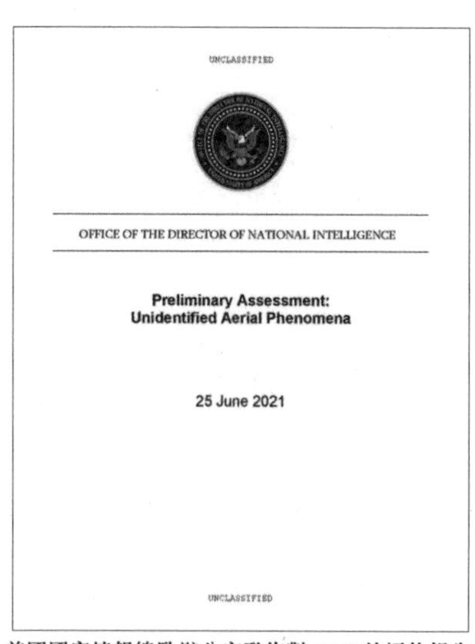
UNCLASSIFIED

OFFICE OF THE DIRECTOR OF NATIONAL INTELLIGENCE

Preliminary Assessment:
Unidentified Aerial Phenomena

25 June 2021

UNCLASSIFIED

美國國家情報總監辦公室發佈對 UAF 的評估報告。

何謂 UAP？此詞意指「未經授權、未識別的飛機或物體被目擊與觀察到進入或行動於各種軍事管控的訓練區域」的現象。國防部轄下一些分支會使用 UAP 來描述那些不明飛行物。政府立場而言。UAP 並不意味那些不明物體來自外星。

或者我們不妨先簡短回顧一下不明飛行物（UFO）的歷史。1947 年 6 月 24 日，美國華盛頓州的喀斯喀特山脈首次發現「飛碟」。一名飛行員肯尼斯・阿諾德（Kenneth Arnold）報告說，看到九個奇怪的物體在天空中以極快速度移動，「就像飛碟在水上跳躍」。1947 年 7 月 8 日，來自新墨西哥州羅茲威爾的一份報告稱，一個圓盤狀物體落在一個偏遠的牧場上，並已被美國第八集團軍總部的軍官移走進行檢查。飛碟時代悄悄到來。

KENNETH ARNOLD 親筆簽名的《THE FLYING SAUCER AS I SAW IT》封面

著名的「羅茲威爾事件」發生一周後，新墨西哥州和美國空軍於 1947 年 12 月，成立正式調查組「Project Sign」。美國空軍中將 Nathan F Twining 的初步結論是「所報告的現象均為真實，而不是想像或虛構的。」他於 1947 年 9 月 23 日寫美國陸軍空軍司令舒爾根准將的「關於飛盤的意見」於 1969 年解密，現在位於馬里蘭州大學公園的美國國家檔案館。

對於美國人來說，最令人震驚的目擊事件發生在美國首都華盛頓特區。1952 年 7 月 19 日至 20 日，華盛頓國家機場和安德魯斯空軍基地的雷達上出現奇怪的移動光點。接下來的周末，這現象再次出現，有時緩慢移動，然後倒車並以驚人的速度移動。但凡這些 UFO 出現，飛機會被擾亂，但機組人員什麼也沒看到，儘管他們被引導至雷達探測到不明物的區域。同時，民用機組人員和地面管制員報稱看到奇怪燈光，而這些怪光物體從雷達裡可見。一連串事件使杜魯門政府和《紐約時報》皆質疑為何「防空司令部的一架噴氣式戰鬥機，時速可達 600 英里，但未能抓住其中一個『物體』。」

這部 1952 年的漫畫展示當時國家機場雷達上發現光點的轟動事件。

(Air Staff / National Archives, Records of Headquarters U.S. Air Force)

五角大樓召開了一場大型新聞發佈會，官員希望採取行動來平息公眾恐慌。空軍高層人士，如美國空軍情報總監約翰· 薩姆福德少將，均對媒體保證，雷達信號可能是炎夏天氣造成的「逆溫」結果。這類異常情況，可能會在雷達屏幕上產生錯誤回波。

1952 年於馬薩諸塞州拍到的天空光點

21 世紀初的情況

說回近年情況。早在 2020 年 4 月，美國國防部史無前例地對外公佈了三段美國海軍分別拍攝於 2004 年和 2015 年的不明飛行物（UFO）影片。這些影像證實美軍與不明飛行物相遇，至於影片捕捉到的現象是什麼，外間仍爭論不休——但起碼說明了：有些東西在天空中。其中，一段引人注目的片段，顯示一個不明物體正在被戰鬥機追趕。該報告未有調查多年來一些知名的 UFO 案例，只關注美國政府官員、軍事人員在 2004 年 11 月至 2021 年 3 月期間的目擊事件。報告中涵蓋 144 宗 UAP 目擊事件，當中大部分由美國海軍飛行員所記錄的。

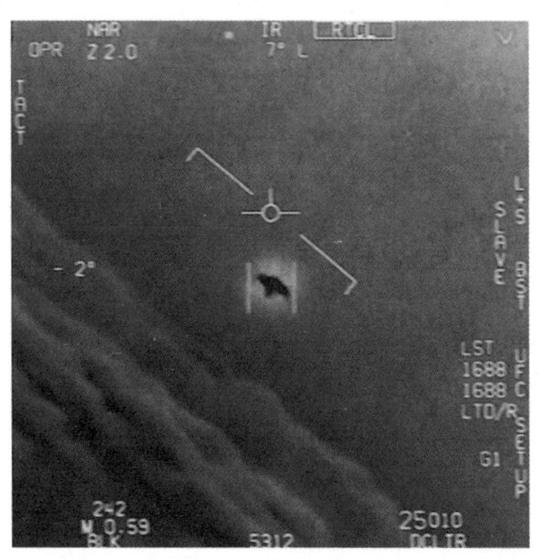

美國國防部發佈不明飛行物視頻的屏幕截圖，美國海軍飛行員驚呼「看看那個東西！」（Credit: US DEPARTMENT OF DEFENSE）

另外，美國還證實了「先進航太威脅識別計劃」（AATIP）的存在。那是專為研究不明飛行物而設立的計劃，已於 2017 年中止。AATIP 過去在只有極少數官員知情下運作，可以說是當時的參議院多數黨領袖哈里・里德（內華達州民主黨）的心血結晶，他得到兩位二戰退伍軍人兼參議員 Daniel Inouye（D-Hawaii）和 Ted Stevens（R-Alaska）的支持，獲得撥款並在 2009 年展開計劃，兩個參議員同樣擔心潛在的國家安全威脅。

另外，在國防部副部長凱瑟琳・希克斯（Kathleen Hicks）發佈的備忘錄裡，原來國防部情報與安全副部長辦公室（USD（I&S））下設立「空中目標識別和管理同步小組」，簡稱 AOIMSG（Airborne Object Identification and Management Synchronization Group）。

DEPUTY SECRETARY OF DEFENSE
1010 DEFENSE PENTAGON
WASHINGTON, DC 20301-1010

NOV 2 3 2021

MEMORANDUM FOR SENIOR PENTAGON LEADERSHIP
COMMANDERS OF THE COMBATANT COMMANDS
DEFENSE AGENCY AND FIELD ACTIVITY DIRECTORS

SUBJECT: Establishment of the Airborne Object Identification and Management Synchronization Group

The presence of unidentified aerial phenomena (UAP) in Special Use Airspace (SUA), designated in accordance with 14 CFR Part 73, represents a potential safety of flight risk to aircrews and raises potential national security concerns. Accordingly, I direct the Under Secretary of Defense for Intelligence and Security (USD(I&S)) to establish the Airborne Object Identification and Management Synchronization Group (AOIMSG) to synchronize efforts across the Department and with other Federal departments and agencies to detect, identify and attribute objects of interests in SUA, and to assess, and as appropriate, mitigate any associated threats to safety of flight and national security. To provide oversight and direction to the AOIMSG, I establish the Airborne Object Identification and Management Executive Council (AOIMEXEC). The USD(I&S) will be the lead DoD official responsible for management of this process, will co-chair the AOIMEXEC along with the Director of Operations, Joint Staff, and will invite Principal-level participation from the Office of the Director of National Intelligence. Resourcing for this requirement will be addressed in the Program Budget Review process.

The Director, AOIMSG (hereafter referred to as "the Director") will synchronize the activities among the Office of the Secretary of Defense (OSD) and DoD Components, and with other U.S. Government departments and agencies, to minimize safety of flight and national security concerns associated with UAP or other airborne objects in SUA. The Director, with support from the OSD and DoD Components heads, will address this problem by standardizing UAP incident reporting across the Department; identifying and reducing gaps in operational and intelligence detection capabilities; collecting and analyzing operational, intelligence and counterintelligence data; recommending policy, regulatory or statutory changes, as appropriate; identifying approaches to prevent or mitigate any risks posed by airborne objects of interest; and other activities as deemed necessary by the Director. Additionally, the Director, in coordination with the OSD and DoD Component heads, will identify requirements and recommended changes in doctrine, organization, training, materiel, leadership, personnel, workforce, facilities, and resources to be brought to the AOIMEXEC for review, consideration and implementation, as appropriate, by the applicable DoD Component head.

Effective immediately, the AOIMEXEC, in coordination with the OSD and DoD component heads will manage the transition of the current UAP Task Force to the AOIMSG. The AOIMEXEC will designate an acting Director of the AOIMSG, and will

OSD071597-21/CMD013372-21

「空中目標識別和管理同步小組」（AOIMSG）成立的文件

AOIMSG 將協調國防部和各個美國政府部門工作，以檢測、識別和確定特殊用途空域（SUA）中的利益對象，並評估和減輕對飛行安全和國家安全的任何相關威脅。而在希克斯的另一份備忘錄中記載，國防部的新計劃是讓新的 AOIMSG 將現有的特遣部隊納入海軍情報總監辦公室。

後來，國會修正案要求創建類似於 AOIMSG 的組織，但擁有更廣泛的權力，並向國會報告調查結果。修正案所稱的「異常監視和解決辦公室」（ARSO）將負責「制定程序，以同步和標準化事件的收集、報告和分析，包括有關部門和情報界不明空中現象的不良生理影響。」負責人員將能夠「酌情提議使用部門和情報界的任何資源、能力、資產或流程」。

重要日子之一：2021年6月25日 公佈報告

美國國家情報總監辦公室因應國會命令在 180 天內編製 UFO 報告。到了 2021 年 6 月 25 日，UAP 報告如期出台，雖然並未透露太多「石破天驚」的信息，但當局也沒有排除任何可能性。美國似乎已經承認，不明飛行物是真實存在的，不管其「真身」是什麼，亦承認 UFO 對國家安全構成潛在威脅，因為它們似乎能完全不受管控進入受限空域。

美國國家情報總監辦公室（ODNI）（Credit: INTEL.gov）

報告顯示，ODNI 審查了過去 20 年的 144 宗事件，時間範圍從 2004 年 11 月至 2021 年 3 月，當中涉及來自美國政府多個部門的觀測報告，以軍方為主。裡面有多達 80 宗，不明物體被多個傳感器捕捉到數據，包括雷達、紅外、光電、武器系統等儀器，亦有肉眼觀察。其中 11 宗事故裡，飛行員與 UFO「差點撞上」。

美國一名高階官員被追問事件是否可能與外星生物有關，他強調：「專案小組的目的不是要評估任何尋找外星生命的方式……那不是我們負責的任務。」

報告含有機密部分，只提供予國會參閱，民眾無法得知箇中內容。有些議員表明這部分「並沒有任何太令人興奮的東西」，之所以保密純為涉及關注國家安全。

然而英國《衞報》報道，一些美國國會議員對於報告內容深感擔憂。田納西州共和黨籍聯邦眾議員伯切特（Tim Burchett）表示：「很顯然，正在發生一些我們無法駕馭的事情。」

紐約州民主黨籍聯邦眾議員馬洛尼（Sean Patrick Maloney）也對《紐約郵報》表示：「我們認真對待不明空中現象事件，這是為美國軍人的安全以及國家安全利益問題作保障。所以我們想知道需要對付的究竟是什麼。」

美國國防部研究不明飛行物的「先進航太威脅識別計劃」

（AATIP）前負責人埃利桑多（Luis Elizondo）表示，UAP 構成了嚴重威脅，這些 UAP 可以干擾美國的核力量，使核力量無法起作用。他告訴記者，調查人員確信大多數目擊的物體均是「實物」，不僅僅是儀器所錄到的數據。

潛在影響

正如前述，ODNI 的簡報指出，有 80 宗事件「被多個感測器觀察到」，這意味這些事件並不是單一來源的誤判，不同來源的數據，足以佐證空中的確存在一些異象。

不少目擊個案顯示，這些不明飛行物「群集」在美軍訓練和測試場周圍。大多數情況下，UFO 打斷了政府原來計畫裡的軍事訓練演習，有時則是中止預先安排的軍事活動。有些案例中，目擊者見到 UAP 的同時，美國軍機的系統亦探測到相關無線電射頻，足證並非視錯覺。

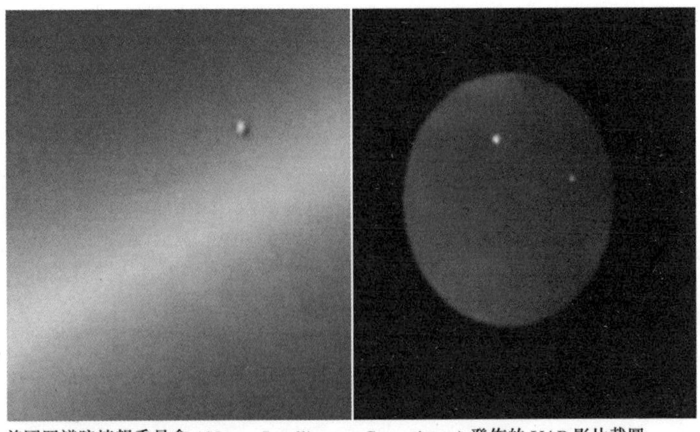

美國眾議院情報委員會（House Intelligence Committee）發佈的 UAP 影片截圖

某些 UAP 展示了先進的技術。其中 18 宗事件裡，目擊者看到飛行物具有「不尋常的移動模式或飛行特徵」。有些UAP似乎能在高空大風中或是保持靜止，逆風移動、突然加速移動，且不清楚以何種方式推進，動力來源無法理解。UAP 甚至具備某種隱藏身份的能力。但 ODNI 似乎想淡化其嚴重性，稱可能是感應器錯誤、假情報或目擊者誤解所致，需作進一步嚴格分析。

報告指出，目前沒有數據表明，UAP 是外國情報搜集計畫，亦不是「來自於其他國家重大的技術突破的產物」。

美國前國防部副助理部長基斯道化・梅隆（Christopher Mellon）透露了美國海軍飛行員報告的其中一個目擊事件：「它是白色的，長方形的，大約 40 英尺長，也許有 12 英尺厚……飛行員們驚訝地看到這物體突然將自己重新定位到接近的 F/A-18。在一連串看似違反物理定律的翻滾動作中，該物體直接貼近 F/A-18 後面。飛行員捕捉到槍機鏡頭的紅外圖像。他們被從未見過的技術所擊敗。」

綜合而言，美國官方發現不明飛行物可能對國家安全構成威脅。

NASA 高層的觀點

美國太空總署（NASA）局長比爾・尼爾森（Bill Nelson）稱，他在國會就職時已看過保密版的 UAP 報告，當時「我脖子後面的汗毛都立起來了」。他本人與遭遇過 UAP 現象的飛行員聊過，「他們知道自己看見了某些東西」。

NASA 局長比爾・尼爾森（Bill Nelson）

NASA 設有一個辦公室研究地外生命，尼爾森曾受訪時表示，除了地球之外，宇宙中或有地方存在智慧生命，美國太空總署正在積極尋找這些生命跡象，及可移居的星球。據《CNBC》報導，尼爾森稱：「如果有一個 135 億年歷史的宇宙，它是如此浩瀚無垠，是否可能出現另一個太陽，和另一個擁有同樣大氣層的行星？」

儘管尼爾森已經要求 NASA 的科學家研究報告中的事件，但他認為，美軍飛行員拍到的不明飛行物畫面，不能證明就是地外生命體的證據，而且目前為止沒有收到任何從太空傳來的智慧生命信號。不過他亦承認，現在排除這種可能性為時尚早。至於地外生命是否存在，他個人觀點是「宇宙如此浩瀚，肯定有外星生命存在」。

五角大樓立場

報告公佈後，五角大廈表示他們「非常認真地對待（UFO）入侵報告——任何已識別或未識別的空中物體——並進行調查」，並打算將 UFO 的研究正式化。

五角大樓新聞發言人約翰・柯比（John Kirby）表示，國防部副部長凱瑟琳・希克斯（Kathleen Hicks）指示負責情報和安全的國防部副部長辦公室制定一項計劃，該計劃將與包括軍事部門和作戰司令部在內的國防部眾多部門，與 ODNI 和其它合作機構互相協調制定，包括用 AI 技術等以分析 UAP 現象之間的相似性及存在模式。

「該計劃將建立同步收集、報告和分析 UAP 的程序；為確保軍事測試和訓練範圍而提供建議；並確定建立和運作新的國防部後續活動以便領導這項工作的要求，包括協調、資源、人員配備、權限和實施時間表等。」

同時，美國海軍也表明會擬定收集和報告 UAP 現象的正式程序。

報告結論

眾多報告中，ODNI 只能解釋其中一宗，其餘 143 宗現象至今無法解釋。那唯一可以解釋的事件，原來目擊物體只是一個大型的「空中垃圾」——漏氣氣球。

對於軍方近年觀測到的 UAP 現象是否外星飛行器，報告沒有正面證實或否認，僅指出由於多數 UFO 報告只屬片面之詞，缺乏佐證，政府無法對這些物體及其意圖得出「確定的結論」。

報告列出 5 種理論解釋，分別是空中雜波、自然大氣現象、美國政府或美國工業開發計畫（筆者按：一個官方情報部門都不知道的政府絕密計劃？有夠諷刺）、外國對手系統，以及無所不包的「其他」類。

報告結論是：「由於數據有限，或收集處理 / 分析面臨挑戰，我們的數據集中描述的大多數 UAP 現象可能仍未確定，我們可能需要額外的科學知識來收集、分析其中一些 UAP。」

重要日子之二：2022 年 5 月 17 日——國會聽證會

50 多年來，美國首次針對 UFO 目擊事件展開國會聽證會。聽證會上有兩名證人：五角大樓最高情報官員羅納德・莫爾特里（Ronald S. Moultrie）和海軍情報局副局長斯科特・布雷（Scott Bray）。

五角大樓最高情報官員羅納德・莫爾特里（Ronald S. Moultrie）

海軍情報局副局長斯科特・布雷（Scott Bray）

在眾議院情報反恐、反情報和反擴散小組委員會的聽證會上，眾議院情報委員會反恐和反情報小組委員會的成員播放了三段 UAP 的非機密影片。會中透露，目前不明飛行物報告的數據庫，錄得大約 400 宗事件，高於 2021 年 ODNI 報告中的 143 宗事件。在公開環節之後，小組委員會還舉行了一個封閉的、機密的簡報會。

莫爾特里在會上稱，通過嚴格的分析，大多數 UAP 現象可以被識別出來。他列舉了近年 UAP 目擊個案一直增加的原因，包括監察儀器的改進、無人機和其他非軍用無人機系統急增，以及聚酯薄膜氣球等「空中雜波」數量上升。

莫爾特里表示，當局遇到任何 UAP 物體，都盡可能隔離、表徵、識別，並在必要時減輕其影響。布雷則告訴議員，軍方仍然沒有發現任何「非地球起源」的東西，即使有些事件他們無法解釋。「少數事件存在我們無法用現有數據解釋的飛行特徵，這些顯然是我們最感興趣的。」

少數未能解釋的事件中，包括在 2004 年的一宗 UAP，太平洋航空母艦上的戰鬥機飛行員遇到了一個似乎已經下降了數萬英尺的物體，然後才懸停不動。而在聽證會較早前首次公佈的另一宗事件中，可以在攝像機上看到一個物體飛過美國海軍戰鬥機。該物體仍然無法解釋。一些無法解釋的空中現象顯示，那些不明飛行物似乎能以「無法識別」(意味超出現有科技)的推進方式移動。

不過，布雷試圖消除 UAP 可能是外星人的說法，並指出從未發現任何有機與無機材料，或其他無法解釋的殘骸。另外，他說，記錄在案的不明物體均沒有試圖與飛行員交流；而美軍也沒有嘗試與他們交流，因為它們似乎都是無人駕駛的。

莫爾特里表示，他是科幻迷，人類抱有好奇心，「我們想知道外面有什麼，就像你想知道外面有什麼一樣」。但他強調，他的首要目標是確保美國軍事人員和基地的安全。另外，他們也須保護敏感來源，並在保持公眾信任之間達成微妙平衡。

「我們不希望潛在的對手確切地知道我們看到或理解的內容。」莫爾特里說。隨後是閉門的機密會議。

於國會聽證會播放的 UAP 影片

議員觀點

眾議員安德烈卡森指出，對不明飛行物的懷疑，可能導致飛行員不想報告目擊事件，唯恐這樣做會被嘲笑。布雷回應説，海軍和空軍機組人員已制定程序供人員報告目擊到的 UAP。

與俄亥俄州共和黨眾議員布拉德·溫斯特魯普（Brad Wenstrup）的討論中，布雷同意將民事報告流程也標準化。雖然軍方的數據庫確實包括一些平民報告，但絕大多數來自軍方內部。

聽證會上有議員擔心，任何無法解釋的空中現象都可能對國家安全構成威脅。阿肯色州共和黨人里克克勞福德表示，未能識別的 UAP「等同於情報失敗，我們當然希望避免」。

對於具有無法解釋的推進力的物體，布雷表示美國「不知道」任何擁有此類技術的潛在對手。

一個劃時代的 UAP 聽證會，就以大量「無法解釋」、沒有答案而告終。

來自 AATIP 的 1500 頁檔案

美國官方近年證實了昔日曾設立「先進航太威脅識別計劃」（AATIP）。儘管該計劃從未被列為機密或絕密，但 AATIP 直至 2017 年才為公眾所知。當時前項目主管路易斯·埃利桑多 從五角大樓辭職，他向媒體揭露 AATIP 計劃的存在，並發佈了幾段不明飛行物以看似不可能方式移動的影片。

AATIP 的存在揭露後不久，英國小報《太陽報》的美國支部向美國政府索取計劃相關的任何文件。根據美國政府通過的信息自由法（FOIA），要求公開那龐大的報告數據庫。四年多後的 2022 年 4 月 5 日，美國國防情報局（DIA）回應此要求，向《太陽報》提供了檔案。文件數據庫包括來自昔日 AATIP 的 1,500 多頁與 UFO 相關的材料。DIA 表示，出於隱私和保密問題，文件的某些訊息「必須部分保留」。

發佈的文件共 1574 頁；描述了來自醫療檔案的 42 宗案例和 300 宗「未公佈」的案例，包括 129 宗明顯綁架事件報告、77 宗車輛電磁影響事件、75 宗感知時間損失事件、41 宗燒傷報告、23 宗電擊事件、18 宗力場影響報告和五次不明性接觸報告。

據《太陽報》報導，這些文件包括關於 UFO 目擊對人類的生物學影響的報告，遭遇不明飛行物的美國人遭受輻射燒傷、大腦和神經系統損傷，甚至「下落不明」；也提及對隱形斗篷等先進技術的研究，以及深空探索和殖民計劃。

其中一份題為《對人體生物組織的異常急性和亞急性場效應》的調查報告，是 1500 多頁文件的一部分。這份報告警告説，不明物體可能是「對美國利益的威脅」。人類可能因「暴露於異常物體，尤其是空中和近距離接觸」而受傷。

UNCLASSIFIED//~~FOR OFFICIAL USE ONLY~~

Defense Intelligence Reference Document

Acquisition Threat Support

11 March 2010

ICOD: 1 December 2009

Anomalous Acute and Subacute Field Effects on Human Biological Tissues

UNCLASSIFIED//~~FOR OFFICIAL USE ONLY~~

《對人體生物組織的異常急性和亞急性場效應》報告

不明飛行物留下輻射灼傷

報告指出，這些傷害通常與電磁輻射有關——並將它們與「能源相關的推進系統」聯繫起來。它列出了傷害，例如輻射引起的燒傷、大腦損傷，以及能夠影響人類神經。

報告寫道：「已經準確報告了足夠多的事件／事故，並獲得了醫療數據，以支持一些先進系統已經部署的假設，並且美國對此方面的全面理解是不透明的」。

該報告認為，有可能利用這些醫學信息來「逆向工程」不明飛行物的本質，從而了解「來自可能對美國利益構成威脅的未知來源」。

該報告還包括一個「有用的數據庫」，其中列出了 UFO 目擊事件對人類的生物學影響及其頻率，由美國民用研究機構 MUFON 彙編而成。

它甚至包括奇怪的事件，例如「明顯的綁架」、「來源不明的懷孕」、性接觸、心靈感應體驗和感知到的傳送。

這批材料的披露，某程度上證明 AATIP 前項目主管埃利桑多所言屬實。他在 2021 年 11 月接受媒體採訪，暗示人類與 UFO 和 UAP 交互的一些影響。

「我必須小心，我不能説得太具體，但人們可能會想像你從一名飛行員那裡得到一份報告，他説，『這真的很奇怪。我在飛，我靠近了這個東西，然後我回到家，就像被曬傷了一樣。我紅了四天。』

埃利桑多表示，這是輻射燒傷，而不是曬傷。醫院檢查表明那些遇到 UFO 的人有微波損傷的症狀。另外，「第三類接觸」者會有時間錯覺，例如感覺只在那裡呆了 5 分鐘，但回看手錶時，卻發現 30 分鐘已過去了。埃利桑多認為這可能與時空扭曲有關。

與不明物體相遇的評級

文件還顯示了當局如何評級與不明物體的不同遭遇，堪稱真正的 X-File。

有關「異常行為」，可評級為 AN1、AN3 或 AN5。

AN1 包括沒有持久物理影響的遭遇，包括看到燈光。

AN3 包括人們進入「相關實體」150 米範圍內的遭遇。與「鬼魂、雪人、靈魂、精靈和其他神話 / 傳奇實體」的遭遇被歸類為「AN3」和「目擊與 AN3 實體的互動」。

AN4：瀕死體驗和宗教奇蹟歸類為 AN4。

AN5 被歸類為受傷和死亡報告。

此外從文件可見，有關部門亦設立了 UFO 目擊和近距離接觸的評級，分別標記為 CE1、CE2、CE4 或 CE5。

CE1 包括不明飛行物進入目擊者 150 米範圍內的情況。

CE2 是近距離接觸在目擊者身上留下物理痕蹟的情況。

CE4 指證人被綁架。

CE5 指近距離接觸導致永久性心理傷害或死亡。

CHAPTER 1

黑客 Gary McKinnon 揭露的驚人秘密

關加利

英國人加利．麥金農 Gary McKinnon 綽號稱為「Solo」，黑客界認為他是有史以來最危險的黑客。幾年前在暗網內很多網民都希望可搜尋到他的秘密檔案。而他所揭露的美國太空部隊訊息，可從多位揭密人的證據來佐證，這個已經有二十年歷史的內幕，直到現在依然是飛碟研究者的熱門話題。

麥金農 1966 年 2 月 10 日出生於蘇格蘭格拉斯哥，曾擔任安全系統總監（Systems Administrator）。麥金農自幼對外太空著迷。作為一個來自格拉斯哥的頑皮聰明的男孩，他會問他的父母關於行星之間的距離和恆星科學名稱的技術問題。「這是一個蹣跚學步的孩子通常不會談論的事情」，麥金農的母親詹尼斯．夏普（Janis Sharp）告訴《IEEE Spectrum》的記者。他從小已是一個很不尋常的孩子。麥金農和其他孩子的差異，不僅見於他對天文學的痴迷。每當夏普帶他上巴士，他都會不受控制地大喊大叫。10 歲時，他開始害怕戶外活動，寧願在自己的房間裡花幾個小時閱讀有關太空的書籍或聽音樂。其後剛離婚的母親搬到倫敦生活，與麥金農一起生活。母親時常懇求他出外面和鄰居孩子一起玩耍，麥金農總會懇求母親：「請不要讓我出去玩。」男孩很煩惱，但他的執念似乎給了他一種控制感和平靜感。雖然他不是天生的音樂家，但他會花幾個小時在鋼琴上自學彈奏貝多芬的《月光奏鳴曲》和複雜的披頭士歌曲，夏普簡直不敢相信自己的耳朵。她的孩子的確是和其他孩子與別不同。 麥金農的天份令她大吃一驚，她說「我們這個年代的人被淘汰了」。

加利．麥金農被喻為有史以來最危險的黑客

麥金農生平

14 歲時，他在 Atari 電腦上自學如何編寫電子遊戲，當然遊戲的背景是外太空。麥金農加入了英國 UFO 研究協會，並找到了一群志同道合的太空愛好者，在這羣人中他年紀最小。他的求知慾極強，不停閱讀和向其他人查問各種飛碟資料。他的母親回憶說，當他得知繼父在英國小鎮邦尼布里奇長大，那是一個以 UFO 目擊事件而聞名的小鎮，他便向繼父詢問了很多訊息。麥金農整天夢想外星飛碟，他在地球上的日常生活卻一團糟，讀書成績差，無心向學。中學輟學後，他總是從事電腦技術相關工作，他對電腦技術的精通，雖然使他成為公司中重要一員，但是他腦海總是記掛着飛碟、外星人和陰謀論。

童年時期對公共交通工具的恐懼變得更嚴重，麥金農在乘坐倫敦地鐵時多次暈倒。雖然他和青梅竹馬，一個聰明和藹可親的女孩住在一起，但他無法忍受組建家庭的想法。「我怎麼能對孩子負責？」他問媽媽。隨著他與女友關係惡化，麥金農變得越來越沮喪，失去工作並拒絕別人幫助。他的母親擔心他的抑鬱症會導致自殺。但是麥金農有了一個重要的發現：在 1990 年代中期新生的互聯網創造了一個新世界。「那時他開始在網上尋找有關外星人的信息」，夏普回憶道。「這是他逃避現實的辦法。」他之所以利用黑客技術，入侵美國軍方網絡系統，是受一部電影的啟發。電影中，一名少年黑客進入軍方重要的電腦系統，最終險些引發「第三次世界大戰」。39歲的麥金農接受路透社採訪時說：「我曾看過一部名為戰爭游戲（War Game）的電影，至今記憶猶新，太令人吃驚了，尤其是軍方的超級電腦系統和少年黑客都給我留下了深刻印像。」

在九十年代，他閱讀了經典的電腦黑客指南《黑客手冊》後，決定自己著手調查尋求真相。深夜他在昏暗的臥室裡開始嘗試書中所寫的技術，十年後麥金農終可利用從《黑手手冊》一書中學習得的黑客技術，與電影中那名少年一樣，開始了「黑客之旅」。從 2000 年到 2001 年，麥金農

電影《戰爭游戲》（War Game）

《戰爭游戲》劇照

在北倫敦霍恩賽的家中利用一台只有 56k 數據機的電腦，開始瘋狂向美國政府和軍方電腦系統進行入侵。麥金農非常專注，痴迷於研究闖入電腦的方法。他使用 Perl 程式語言編寫了一個小程式，他說這程式可以讓他在 8 分鐘內掃描多達 65000 組的密碼。在駁通政府系統後，他運用他尋求的代碼並得出了驚人的發現：許多聯邦工作人員未有更改電腦上的默認密碼。他後來告訴《每日郵報》：「我對他們缺乏安全意識感到驚訝！」在這些保安不足的電腦上，麥金農安裝了一個名為「Remotely Anywhere」的軟件程序，它允許通過互聯網遠程登入和控制電腦。然後麥金農可以在閒暇時瀏覽電腦並傳輸或刪除文件。因為他能夠監控電腦上的所有活動，所以可以在看到其他人登錄時便立即登出，離開電腦系統。麥金農對入侵電腦的迷戀壓倒一切，甚至犯了嚴重罪行也完全不理，從米德堡基地（Fort Meade）到美國太空總署約翰遜航天中心（NASA Johnson Space Center）的政府電腦上遊走，尋找外星人的踪跡。他聲稱找到了一份美國海軍「外星軍官」的名單，以及一張雪茄形狀 UFO 的照片，上面佈滿了測地線圓頂。（他說他無法保存這張照片，因為它是 Java 文本）在終生沉迷於不明飛行物之後，他現在正以前所未有的方式養成另一種習慣。他也正在品嚐黑客的快感。「你最終會渴望越來越複雜的安全措施」，他在 2005 年告訴《衛報》。「這就像一場遊戲。我喜歡電腦遊戲。這就像一場真正的比賽。這是令人上癮的。非常容易上癮。」

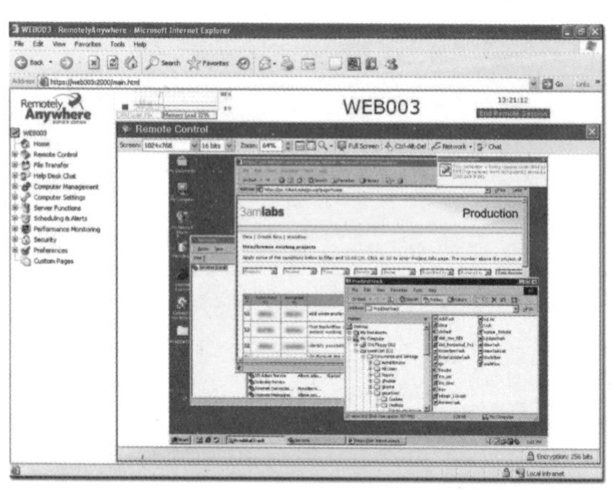

麥金農駭入NASA的電腦（模擬圖）

對美國政府而言，麥金農的危險程度與「基地」恐怖分子相比，只有過之而無不及，因製造「美國有史以來最大規模的一宗軍用電腦入侵事件」，這位失業的電腦專家令美國國家安全處於危險之中。然而，面對美國政府的指控，麥金農辯稱他只是普通的電腦愛好者，之所以侵入美軍方電腦系統，只是尋找有關外星人和 UFO 的絕密信息。兩年間，麥金農利用黑客技術侵入了美國五角大樓、NASA、約翰遜航天中心以及美陸、海、空三軍網絡系統。他說對政府隱瞞不明飛行物和自由能源相關信息感到厭煩，決定入侵 NASA 和五角大樓最安全的伺服器。

麥金農在採訪中堅稱他不是有意給美國造成重大損失：「我主要目的是試圖尋找與 UFO 和遭禁技術有關的信息。我想要找到美國政府從不公開的秘密。」麥金農說，他輕而易舉便侵入了美國政府和軍方的電腦系統，儘管他充其量只是個業餘水平的「黑客」。他發現，美國許多絕密系統當時都在使用安全性不高的微軟「視窗」系統，且根本不設密碼保護。麥金農回憶說：「我隨便從市場上買了幾套軟件，然後便用它們對大型軍事網絡實施掃描，尋找一切我認為與 UFO 有聯繫的信息。」外人或認為為了飛碟和外星人資料而入侵 NASA 電腦系統是瘋狂的幻想，但對於麥金農這是一個他處於現實世界的的使命——揭露真相，因為他確信在美國政府的電腦系統中有不為人知的資料，他堅信美國太空總署對登月計劃的真相被隱藏，他所尋找的目標是任何外星文明存在的證據，因為他確信美國太空總署已經發現了一些東西並且不想向大眾透露。為免被人發現，他在夜間使用遙控軟件在美國太空總署系統下載當時由最新望遠鏡和攝影器材從國際太空站拍攝的機密圖像，單張圖像的大小在 200-300 之間兆字節，當時需要幾個小時才能下載一張照片。這些照片由地球外圍和外太空中拍攝得來，麥金農發現這些圖片顯示太空中有奇怪的物體出現，而且有它獨特的飛行路線而不是靜止在太空中，這增加了麥金農尋找更多資料的好奇心，更進一步認為美國與外星文明秘密接觸。此外他還發現一些帶有可疑標籤的資料和文件，NASA 拍攝的所有太空圖像都經過了無休止的一系列調整和修改，才披露於普通大眾眼前，並曾進行一些隱密的行動；他甚至發現NASA與美國陸軍有某種計劃。他得到的每一個答案都會引伸10個新問題。

NASA總部

這個英國黑客並沒有就此止步，為了找到問題的答案，他侵入了美國安全、軍事和政府組織的所有網站和數據庫，儘管它是世界上最隱密、保安最嚴的網站，一般黑客無法做到的事情，麥金農是例外，他完全成功入侵每個系統，而令人意外的是，他經常離開系統前留下挑釁字句，如「你的保護系統很差勁」和「你是可悲的」等等。

短短 13 個月內，他成功駭入情報和軍事組織 97 組電腦系統，其中最重要的是：

五角大樓、美國太空總署、空軍、海軍部隊、國家安全局……我相信如果他自稱是業餘黑客，世界中沒有黑客高手了。麥金農對美國政府的電腦設備造成估計 80 萬美元的損失，並從華盛頓的美軍電腦操作系統中刪除了中央指令文件，使他能夠讓 2000 台電腦的網絡癱瘓 24 小時，這是美國政府中央電腦系統歷史上最嚴重的挫敗。不僅如此，2001 年 9-11 事件發生後，他刪除了美國新澤西州海軍基地的武器彈藥清單，破壞了 300 台電腦的網絡，導至美國艦隊的補給過程完全癱瘓，令美國艦隊被困在大西洋沒有彈藥補給。他還被指控竊取數據和密碼，並將其複製到他在倫敦的個人電腦中。

2002 年 3 月某日，他母親的電話響起。「我被捕了」，麥金農說。夏普的喉嚨發緊，擔心到不能出聲，她的兒子陷入了什麼罪行？但麥金農告訴她不要擔心。麥金農說，英國國家高科技犯罪部門根據《電腦濫用法》逮捕了他，該法控罪相對溫和，判處六個月社區服務。「我不需要請律師」，麥金農向他的母親保證。但事實證明這種說法非常天真。麥金農於 2002 年 3 月因涉嫌入侵數十台美國太空總署和五角大樓的電腦系統被捕。

麥金農與母親

這些行為給美國政府造成了巨大的傷害，美國政府因此對麥金農發出國際逮捕令，並正式要求英國政府交出讓美國頭疼的人，美國最高法律機構判處他 70 年刑期，在世界上最危險森嚴的監獄（關塔那摩）監禁。然而這次行動的程序因多種考慮而中斷，其中最重要的是麥金農不斷惡化的健康狀況，以及英國認為美方因網絡犯罪而試圖把罪犯關押到關塔那摩，此舉十分武斷而有人道問題。儘管美國已考慮這些因素，但認定麥金農極其危險，威脅美國國家安全，因此造成兩國政治緊張。

事情陷於疆局。美國司法部並未公開討論美方如何知道麥金農入侵系統，麥金農則認為自己在錯誤的時間登錄 NASA 約翰遜航天中心的電腦，故此入侵被檢測得到。麥金農立即切斷連線，他相信政府隨後在電腦上發現了 Remotely Anywhere 軟件，並追蹤到他的電子郵件地址。

究竟真正原因是甚麼？

原來發現的原因是非常偶然，麥金農被一名 NASA 工作人員所發現，這位工作人員因遺留個人物品，在深夜返回 NASA 辦公室，他注意到他的電腦竟自動運作，滑鼠自行移動並打開文件夾和照片並複製數據，他立即向上級報告，保安團隊於是在幾個小時後找到被黑客入侵的位置，從而找到立於倫敦公寓中正在使用個人電腦的麥金農，就是這樣發現這個神出鬼沒的黑客。美國政府立即通知英國當局，逮捕麥金農並扣押其電腦設備和所有財產。麥金農罪名成立後，這位曾入侵美國政府電腦系統的黑客爆料說，已知悉利用反重力從真空中直接獲取能源的方法，且這技術在 2000 年就已經被美軍掌握，此技術可以使人類擺脱對石油的依賴，但美軍「為了一己私利」對此秘而不宣。2002 年 6 月 7 日晚，麥金農被捕，他承認了入侵存在安全漏洞的電腦。第二天，麥金農出現在倫敦地方法院門

Daily Mail

NEWSPAPER OF THE YEAR 55p

A GREAT DAY FOR GARY – AND BRITISH JUSTICE

After a 3-year Mail campaign bitterly opposed by America, British courts and civil servants, Theresa May yesterday courageously decided Asperger's sufferer Gary McKinnon will NOT be extradited for hacking Pentagon computers in pursuit of little green men

REPORTS AND ANALYSIS: PAGES 4-9

傳媒對麥金農駭入美國政府電腦事件的報道

口，進入法庭前，他還神色輕鬆地向一旁的父母揮手致意、飛吻。當年6月9日，在交納了9200美元保釋金後，麥金農獲得保釋。

他的設備從2002年被扣留到2005年，當麥金農取回電腦設備時，發覺電腦硬碟已被破壞，內裡所有數據不能復修。在此三年期間，麥金農一直未受審判，當時英國政府決定將麥金農留在英國，條件軟禁並限制他進行所有電子活動。2009年，美國試圖再追究他的責任，據美國官員稱，麥金農的問題不在於他能夠侵入所有系統，而在於他接觸過的數據和信息類型，可能構成美國政府和國防機構的安全威脅。在2005年4月的一次聽證會上，控方出示美國大使館發佈的一道公文，承諾不會把麥金農當成外國恐怖分子對待。然而麥金農的律師愛德華· 勞森認為，這份文件上並沒有署名，因此不一定具有法律效力。與律師的態度不同，麥金農對自己的處境似乎很「超脫」。他曾自信地說，自己不會被關進關塔那摩監獄，因為那裡囚服的顏色

文翠珊發表官方聲明拒絕美國引渡麥金農

「與我的紅頭髮很不相配」。結果上訴被駁回，麥金農稱將向歐洲人權法院上訴，反對英國把自己「出賣」給美國。他表示是無意中發現受限制的數據，本來他只是尋找不明飛行物的證據。2012 年，美國政府試圖再引渡該男子，但這次英國內政部文翠珊 (Theresa May) 發表了最終官方聲明。文翠珊提交文件證明麥金農的心理健康狀況惡化，由於受軟禁的隔離的生活方式，導致他出現自閉症和嚴重抑鬱症，該案正式結束。

究竟麥金農找到甚麼？

麥金農駭入了五角大樓的電腦系統時，入侵了一個高級別人員的電腦文件檔案，他發現一個特定資料夾中代號為「太陽守望者」(Solar Warden) 的秘密大空計劃。**麥金農說，他找到以下驚人證據：**

1.秘密太空船的發展信息和取之不盡的動力能源，是為這些秘密飛船而存在的。
2.他在約翰遜航天中心大樓的電腦文件中看到了 UFO 的真實照片。他甚至截取了一個位於太空和地球大氣層之間的雪茄形不明飛行物的截圖。不幸的是，他的電腦被扣押後，這些圖片給刪除了。
3. 美國政府使用 Photoshop 把照片中的不明飛行物刪除。

麥金農聲稱找到了照片、影片和其他證據證明美國政府機構秘密掩藏外星飛船。麥金農又從 NASA 約翰遜航天中心發現一張高清晰度的圖片，圖中顯示在北半球出現的一個大雪茄形物體；之後麥金農入侵美國太空司令部 (於 2002 年 10 月 1 日納入戰略司令部) 機密文件，發現一個有軍官名字的列表，標題為「非地面官員」。

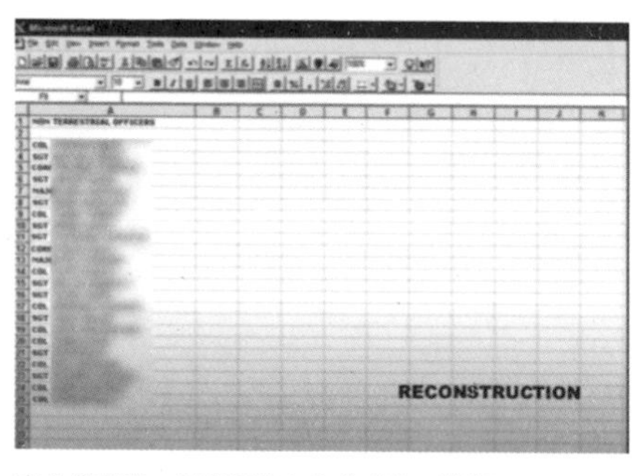

麥金農發現一個有軍官名字的列表（模擬圖）

「我在『非地面官員』部分找到一份人員名單。這並不意味著外星人，而是他們不是身處地球。他們服務的艦隊不是美國海軍艦艇，而是遠離我們星球的宇宙飛船，此外約有300名軍隊人員參與了該計劃。」麥金農找到一張「艦對艦轉移」的文件和一張寫有船艦名字的清單。他相信所看到的名字不是美國海軍的船名，而是某種宇航飛船、太空艦隊。麥金農聲稱：「外太空有 4 支艦隊，9 個軌道太空站被隱藏著，長度超過 600 英尺（= 182.88 米），63 個空間研究站，在 6 個不同的行星上有 47 個行星研究站。所有太空艦隊、太空站、研究站都被隱藏和不為公眾所知，由美國海軍網絡和空間作戰司令部（NNSOC）（原海軍空間司令部）運作。」

據稱該計劃由秘密的「黑色預算」提供資金，由上世紀 70 年代卡持總統期間籌備，到 80 年代列根總統期間開始運作。加拿大、英國、意大利、奧地利、俄羅斯和澳大利亞均有資助並提供部分硬體和系統。「Solar Warden」這個秘密太空計劃據說由美國內達華「51區」一類的秘密軍事基地測試和操作。麥金農在其中一個文件夾中找到兩艘船名稱：USSS LeMay 和 USSS Hillenkoetter。有趣的是，美國海軍艦艇只有兩個字母「S」，但這兩艘船卻有三個「S」，麥金農推測它們代表美國太空船。

USSS LeMay	Frigate
USSS Hillenkoetter	Destroyer
USSS Kennedy	Fighter
USSS Alphard	Fighter
USSS Lynx	Destroyer
USSS Corvus	Fighter
USSS Indus	Carrier
USSS Eridanus	Repair Ship
USSS Messier	Frigate

麥金農找到一份「非地面官員」的名單（模擬圖）

麥金農從有高度劃分的項目中，發現以軍事代碼加密的詞「Solar Warden」（太陽看守望者），代表一支在外太空運作的高度機密艦隊，使用反重力技術。

宇航飛船存在的佐證

麥金農的言論類似前總統列根的日記（1985 年 6 月 11 日，334 頁）中一段話：「和 5 個頂級太空科學家一起午餐。真是太棒了。太空真的是尚待開發的領域，還有天文學的發展等等。就像科幻小說，但是他們是真實的。我了解到我們的穿梭能力將可以容納 300 人飛行，航天飛機最多能乘 8 人，並且為太空飛行建造的只有 5 架航天飛船。」

洛克希德馬丁公司臭鼬工廠的負責人 Ben Rich Lockheed，在他的臨終懺悔承認：「美國軍方有能力進行星際旅行和外星人飛碟是真實的，這可以解釋為美國軍隊與外星人一起工作，發展太空飛船。我們已經有辦法旅行在群星之間，但是這些技術都被封禁在黑色項目中，將它們拿出來造福人類需要神的旨意，任何你可以想像到的，我們已經知道如何去做了。」

麥金農說美國海軍擁有太空艦隊的言論，受到一位現役美國海軍軍官所支持，他在私人採訪中說當到了要使用先進宇航飛船技術的時候，政策由美國海軍負責。據告密者揭露，「太陽守望者」計劃已在月球和火星上建立基地，並參與星際探索。

海軍空間司令部於 1983 年 10 月 1 日正式運作。揭密者是這樣形容「太陽守望者」計劃的：「直到 2005 年，共有 8 艘航母（每艘都比兩個足球場還大）和 43 艘小型偵察船，這些都是太空飛船。」

麥金農發現的宇航飛船比例圖

2010年，UFO研究員兼調查員達倫・珀克斯（Darren Perks）引用「信息自由法」要求美國國防部公開「太陽守望者」秘密計劃的信息。部門給予答覆。達倫記述：「我與NASA的一位代表進行交談，他確認這是他們的計劃，並且已被總統終止。他還告訴我，這不是與國防部的聯合計劃。NASA代表告訴我：『你應該到約翰遜航天中心FOIA經理那裡查詢。我已經通過相關部門處理了你的請求，我正在等待指揮部的另一部門回覆。收到其他部門的回覆後，我會與你聯繫。』」結果美國政府相關部門沒有與達倫聯繫。

如果「太陽守望者」是真實存在的，那麼美國軍方已擁有領先幾代人的技術。麥金農指出國防高級研究和項目局（DARPA）現在主導整個計劃的科技，而美國政府的主要動機與主導太空控制權和防止未來外星人入侵地球有關。目前很多先進科技都是與外星人接觸、結盟後所取得。時至今日，已經有不同揭密者爆出不同的外星艦隊訊息。雖然各有不同，不過在20年前由麥金農所揭露的證據都是最原始的版本。麥金農現在依然活躍於各飛碟和外星揭密等組織，近年仍可以在網絡尋找到他的訪問影片和文章。

UFO和UAP：目擊與揭密簡史

關加利

對不明飛行物的討論，或者因為它們最近被重新命名為不明空中現象（UAP）而重新受重視。長期以來飛碟研究都被歸為社會邊緣、另類文化。這話題一直受誤解和抹黑，許多人因為害怕被貼上瘋子的標籤而避免參與各種搜證和研究工作，但這種情況在過去幾年開始發生重大變化。很多傑出的科學家現在公開推動對不明飛行物進行認真研究，美國海軍最近制定了新的指導方針，鼓勵飛行員報告不能解釋或令人困惑的天空現象。

古物中的 UFO

人類對天空和不明飛行物的迷戀由來已久，科幻小說、電影、流行文化中充滿各種故事。只要我們抬頭望向天空，人們就會看到天空中有趣或令人困惑的現象。例如千百年來，許多不同的文化都將流星和彗星視為超自然現象，或者至少通過超自然的神示來面對它們。這些戲劇性的天空發光物體，有時被認為是神祇不悅的象徵，有時被解釋為美好或可怕的預示，用來解讀未來將發生的事件。這種觀點的證據可以在 11 世紀的貝葉掛毯中找到，該掛毯記錄了公元 1066 年諾曼人征服英格蘭的事件。該年著名的哈雷彗星穿過太陽系內部，230 英尺長（70 米）的掛毯描繪了彗星在英國國王哈羅德二世頭頂上的天空不祥地燃燒。「我們看到新國王坐在寶座上，左邊是貴族，右邊是大主教斯蒂甘德」，雷丁博物館在描述掛毯彗星場景時寫道（哈羅德於 1066 年 1 月 6 日加冕）：「在遠處他受到群眾的歡呼，在最右邊，哈雷彗星出現在天空中。人們認為它是凶兆並變得害怕。彗星的消息被帶到了哈羅德。在他的下方，一個幽靈般的艦隊出現在下邊界，暗示著諾曼人入侵的將來。」1066 年 10 月 14 日，哈羅德在黑斯廷斯戰役中被征服者威廉的軍隊殺死。

英國國王哈羅德二世

掛毯上的不明飛行物體

我們今天所知道的 UFO 現象主要來自近代的個案，可以追溯到動力飛行時代。不明飛行物在第二次世界大戰期間開始被發現，當時歐洲和太平洋戰區的盟軍飛行員都報告説看到令人費解的燈光或天空中有發光物體。他們稱之為「火焰戰鬥機」(Foo Fighters)，這名詞今天更為人所知的是由前 Nirvana 鼓手 Dave Grohl 領導的樂隊。有關 Foo Fighters 的個案，我會在另一篇文章詳細解說。

華盛頓上空的神秘飛行器

二戰後，在 1947 年 6 月美國商人兼飛行員肯尼思・阿諾德（Kenneth Arnold）報告說，在華盛頓雷尼爾山附近的天空中看到了九艘閃亮、神秘的飛行器。一些報紙將這些不明飛行物描述為「飛盤」或「飛碟」，後者很快就進入了公眾領域。類似阿諾德目擊不明飛行物的報導激增，甚至登上了《紐約時報》。《紐約時報》獲得的其中一份材料是 1947 年在新墨西哥州林肯縣的牧場上發現了一些奇特的殘骸。同年 7 月，附近的羅茲威爾陸軍機場，一名公共信息官員將碎片描述為「飛碟」，短暫地引發一場令民眾困惑和恐慌的風暴。陸軍官員很快收回此說法，把碎片解釋為墜毀的氣象氣球殘骸，「羅茲威爾事件」熱潮迅速冷卻。然而 30 年後，事件卻再度成為民眾話題，不同證人的口供及各種飛碟墜毀的論述，被飛碟愛好者重新發掘，他們認為美國政府在新墨西哥州發現了一艘外星飛船，裡面甚至有外星人，政府掩蓋了整件事情。陰謀論者認為殘骸存放在內華達州南部的 51 區神秘軍事基地。

美國軍方擔心其中一些 UFO 可能對國家安全構成威脅，開始系統地調查目擊事件。當然國家安全只是借口，研究者認為政府所作的調查，目的只是全盤否定 UFO 的存在。空軍於 1947 年建立了「訊號計劃」（Project Sign），然後在 1948 年又推出了同樣短暫的「怨恨計劃」（Project Grudge）。而更為著名的「藍皮書計劃」（Project Blue Book）則始於 1952 年，一直持續到 1969 年，審查了近12,600 多個飛碟目擊個案。

藍皮書計劃調查的目擊事件之一，事主為 Betty 和 Barney Hill，他們聲稱於 1961 年 9 月在新罕布什爾州農村被外星人抓獲並進行身體檢查。這對夫婦的個案於 1965 年開始被報紙報導，成為有史以來第一個廣泛傳播被外星人綁架的故事。

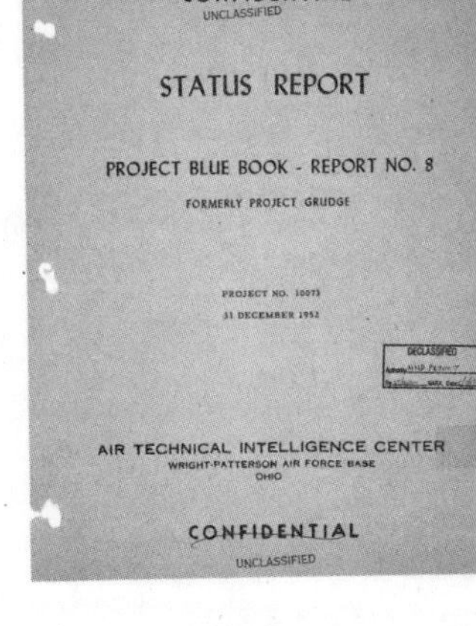

藍皮書計劃

當然，藍皮書計劃結束後，UFO 目擊事件並沒有消失；幾十年來，一直有不同的目擊個案出現。過去半個世紀中最著名的人物及事件包括：亞利桑那州男子特拉維斯·沃爾頓（Travis Walton），他在 1975 年被外星人綁架，其事跡在 1993 年拍成電影《天空之火》；倫德爾舍姆森林事件，1980 年 12 月在英格蘭皇家空軍伍德布里奇站附近的一系列神秘目擊事件；以及 1997 年 3 月讓許多亞利桑那民眾感到困惑的鳳凰城事件。

2004 年 11 月，在聖地亞哥海岸附近飛行的幾名美國海軍飛行員報告說，他們看到奇異的飛行器在天空中飛馳，似乎以超出已知技術極限的方式飛行。十年後，其他海軍飛行員在美國東岸也有類似經歷，從2014年6月到2015年3月目擊一系列奇怪而不能解釋的事件。

神秘計劃曝光

飛行員使用飛機攝像系統捕捉了一些奇怪遭遇的紅外線影像。其中三則視頻在2017年12月走紅，當時《紐約時報》對此作為重要新聞，報導了一項名為「先進航太威脅識別計劃」（簡稱AATIP）的先進秘密軍事UFO調查工作。事件震驚了美國民眾，《Politico》和《華盛頓郵報》還發表了對AATIP的深入探討。該計劃最初是應參議員哈里・里德（Harry Reid，內華達州民主黨）要求而獲得資助的。他們有意將UFO重新命名為UAP，以減少歷史包袱。該計劃從2007年開始一直持續到2012年，期間資金贊助逐步停止，但AATIP人員表示，此後幾年，其工作仍以非官方身份繼續進行。AATIP有後繼者，相對而言，它是在陽光下誕生的。2020年夏天，五角大樓宣佈成立不明空中現象工作組（UAPTF），其任務是「檢測、分析和編目可能對美國國家安全構成威脅的UAP」。

這工作組的一些工作已經曝光。2021年6月，國家情報總監辦公室（ODNI）發佈了一份國會授權的報告，概述了UAPTF、聯邦調查局和海軍情報辦公室對美國政府記錄的144次UFO遭遇事件的看法，那些事件由海軍飛行員在2004年11月至2021年3月執勤期間所目擊。該報告是一份長達9頁的初步評估，錄得144個UFO中有18個以奇怪或令人意外的方式移動：「一些UAP似乎在高空風中保持靜止、逆風移動、突然機動或以相當快的速度移動，沒有明顯的推進方式。在少數情況下，軍用飛機系統處理與 UAP 相關的射頻（RF）能量目擊事件。」

越來越多個案令更多人不能否認 UFO 的存在，更多人相信不明飛行物是真實存在。人們經常看到天空中無法辨認的事物，那並不一定可以用天文或物理定律來解釋現象。

不過美國政府在過往歷史中就不停嘗試用「合理」原因來隱瞞或誤導民眾。例如，1947 年羅茲威爾的殘骸，實際上來自美國軍方「Project Mogul」用作高空實驗的氣球，這是一個秘密計劃，旨在尋找蘇聯進行原子彈試驗的證據。1997 年的鳳凰城事件，官方解釋是由高空飛行和軍用照明彈投放演習引起的。故此陰謀論不只由民眾提出，相反政府的行為令民眾產生更多的疑問！「藍皮書計劃」所調查的 12,600 次目擊事件中，把絕大多數個案解釋為各種自然現象，如雲、光線反射，明亮的行星。但是空軍研究人員始終無法解釋其中的 701 宗事件，他們卻得出結論，沒有一次顯示出證據是對國家安全構成威脅。

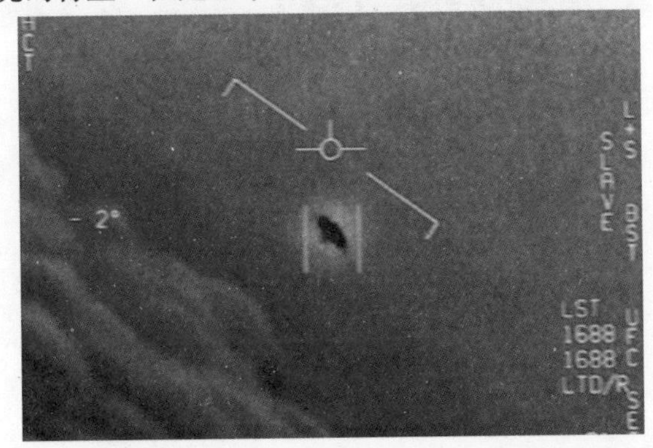

UAP目擊個案越來越多

觀念的轉變

2021 年 DNI 報告檢查了 144 宗 UAP，僅識別到其中一宗。研究人員強調，需要更多數據來理解 UAP，並提出多種解釋。例如，UFO 看似莫名其妙的運動模式「可能是傳感器錯誤、欺騙或觀察者誤解的結果，需要額外的嚴格分析」。另外，外國開發的先進技術是另一個潛在可能。報告說，如果外國技術真的是部分目擊事件的幕後黑手，那麼 UAP 將「代表國家安全挑戰」。這些可能性，促使美國軍方比以往任何時候更認真地對待 UAP 問題。正如媒體《Politico》指出，2019 年，海軍正式制定 UFO 報告指南，這一修訂可以消除長期以來與目擊事件相關的大部分恥辱。2021 的 DNI 評估沒有明確提到外星人假說；它設立一個包羅萬象的「其他」界別來歸類難以解釋現象。專家說，有充分的理由支持無需墮入外星人的結論。

SETI研究所

例如，海軍飛行員在 2004 年、2014 年和 2015 年的一些目擊事件發生在沿海水域，那裡可能會出現敵對國家派來的先進偵察船，因為 SETI（搜索外星人情報）的研究所位於加利福尼亞州山景城。有些個案在海軍噴氣式飛機的雷達系統升級不久後發生的，這顯然是某種故障造成的。事實上，這説明不明飛行物的現象，無論於哪個時代所偵測到，政府都傾向於將物體的描繪模糊化，令民間學者解讀 UAP 時難以深入研究，更難透過官方研究報告獲得明確訊息。

許多研究者認為，有外星人來訪的想法不應該被排斥或嘲笑，畢竟一刀切地否定一個假設並不算科學，而且某些 UAP 遭遇根本很難解釋。例如，2004 年 11 月海軍在加利福尼亞海岸附近的目擊事件，乃由四名飛行員駕駛兩架不同的噴氣式飛機時遭遇的，其中兩名飛行員告訴 CBS 新聞節目《60 分鐘》，他們親眼看到了這個奇異、快速移動的物體。這排除儀器故障的可能性，雷達也同時記錄到相同的不明空中現象。

對於此類案例，人們越來越願意接受各種解釋，包括外星人假設。例如，2021 年 7 月，哈佛天文學家 Avi Loeb 及其同事宣佈一項名為伽利略計劃的項目，該項目將使用世界各地的望遠鏡系統網絡來尋找外星文明（ETC）的證據。伽利略計劃亦將嘗試確定 UAP 和神秘天體的真實性，例如在我們太陽系中觀察到的第一個難以解釋的星體現象「Oumuamua」（夏威夷話意為偵察兵）。Oumuamua 在 2017 被 NASA 發現，這個雪茄形的長形物體奇怪存在太空中極不尋常，使到勒布（Loeb）認為這東西可能是一艘已經報廢的外星飛船。這概念雖然仍然遠離科學主流，但與約十年前相比，今天已經不算奇怪了，這主要是因為人們對外星的認知越來越開放。

近年來，天文學家了解到，在銀河系 2000 億顆左右的恆星中，大約有 20% 可能擁有「宜居帶」(即星體表面可能存有液態水)。而且生物未必一定在宜居帶內才能生存。我們太陽系中的多個衛星，例如木星的歐羅巴和土星的土衛二，在它們冰冷的外殼下有著巨大的海洋。勒布在 2021 年 7 月的一份聲明中說：「鑑於最近發現了大量宜居帶系外行星，具有外星生命的潛力，人類不能再忽視外星生命存在，伽利略計劃將致力於這命題。」「科學不應該因為社會污名或文化偏好而拒絕可能的外星解釋，這不利於公正的、實證研究的科學方法」，他補充說，「我們現在必須『敢於通過新的望遠鏡觀察』，無論是字面上還是比喻上。」

在 2017 被發現的 Oumuamua

美國政府知道真相嗎？

關加利

1947 年，一架不明飛行物體在羅茲威爾附近墜毀，據説杜魯門的高級官員在政府中組建了一個部門來處理外星人事宜。無論哪個總統、政黨執政，它都能獨自處理各種隱密的飛碟個案，而民眾從來不會發現有訊息在主流傳媒中出現。總統執政從來不會影響他們的工作，這部門彷彿從來沒有出現在政府架構中。

從羅茲威爾事件説起

1941 年，據報導一架飛碟在密蘇里州開普吉拉多附近墜毀，有平民目擊者目睹。數年後，1947 年的新墨西哥州羅茲威爾 UFO 墜毀個案，有更多的目擊者站出來。所有目擊者都説政府有外星生命存在的具體證據：他們有外星飛碟的碎片，兩次飛碟墜毀的事件裡，政府都找到外屍體和仍然生存的外星人。

7 年後的 1954 年，根據一組可信的觀察家的説法，至少有兩班外星人會見了艾森豪威爾總統。近似北歐人、金髮碧眼的高個子外星人，據稱要求人類放棄核武器，因為人類在精神上還沒有準備好擁有它。核子很危險，因為它會搞亂這世界的時間和空間。為了人類停用核，外星人給人類高維度知識作為回報，他們承諾分享一些他們知道的關於「宇宙如何運作」的秘密。不幸的是，艾森豪總統回答説：「這還不夠好，我們看穿了你的詭計。」

相傳艾森豪威爾總統曾與外星人會面

另一種外星人是灰人，灰人的信息是，「我們是一個垂死的種族，我們真的把自己搞砸了，所以我們需要你的幫助。我們能否從人類身上收集一些遺傳物質，讓我們重回正軌，作為回報，我們會給你一些我們的技術？」美國政府說，「當然你可以從我們幾個人那裡採集樣本，但你不能傷害被綁架的人，我們需要一份被外星人綁架的民眾名單。」灰人與美國政治的精英們急切地簽署了在飛碟研究者中稱為《格里達條約》的文件，但灰人從來沒有真正和人類結盟，更立即破壞協議，綁架了數百萬美國人，在那裡收集了遺傳物質。外星人提供給美國政府的失蹤民眾名單不完整，很多人完全失蹤了。而且外星人分享的技術都沒什麼大不了的。來自灰人的信息說：「我們可以讀懂你的思想，我們可以光速旅行，我們可以讓自己隱形，我們可以穿越物質物體，我們可以穿越時間，我們可以讓你不動，甚至可以分解物件的份子。你們只是初學者。你打算怎麼辦。」還有消息是，「你的防禦武器大多是原始的，我們可以輕鬆解除它們的武裝，基本上可以隨時隨地從你那裡拿走我們想要的任何東西。」據軍方的目擊者稱，外星人甚至展示他們如何解除人類的核導彈系統的武裝。

剛剛結束二戰，美國軍方高層已經從外星人衝突（Foo Fighters 事件）中了解到他們被不知名的敵人佔了上風，甚至知道自己被打敗了，地球的科技和外星人相差實在太遠。外星人可能是「無論他們想要什麼，地球人都必須給他們，直到我們開發出他們擁有的相同技術。現在的問題是自 1940 年代以來，我們世界的領導人在地球上做了什麼，來防止外星人侵略或控制地球？」就在羅茲威爾墜機事件之後，杜魯門總統據稱將各種外星人科技和秘密整合在一起，比曼哈頓計劃還要保密。他在政府內部組建了一個絕密政府，即使總統輪流執政，無論哪個政黨掌權，都不受民選政客的監督。該組織將監控外星人的行為，並為我們盡快趕上外星科技而做好準備。他們也不會告訴我們，他們認為公開披露是站不住腳的選擇，因為這會引發社會恐慌和經濟崩潰。這就是政府中的深層政府 Majestic 12（MJ-12）。

假如將羅茲威爾和其他不明飛行物事件串連一起，我們漸漸了解到，戰後美國對不明飛行物體的解釋有點令人困惑。雖然這些聯繫並不是很明顯。例如中央情報局的成立與新墨西哥州羅茲威爾郊外的氣象氣球殘骸回收有什麼關係？您不需很深入，也可發現一個事件對另一個事件暗地裡的影響。尤其是 1947 年，這個歷史上充滿了飛碟事件的年份。憑藉幾十年前通過《信息自由法》使各種文件曝光後，令人吃驚的證據展現在眼前，將過去美國政府所否定的事實，與各種新發現的證據結合起來的結果，勾勒一個比我們想像更清晰的事實。杜魯門總統要求國會撥款 4 億美元，以支持土耳其和希臘反對共產主義。不到兩週後，他又要求追加 2500 萬美元，這一次是為了對 FBI 的所有成員進行安全檢查，其中包括共產主義傾向。但杜魯門真的是在武裝美國反對共產主義，還是他用共產主義來掩蓋他真正面對的從外星而來的恐懼，這種比斯大林更嚴重的威脅？

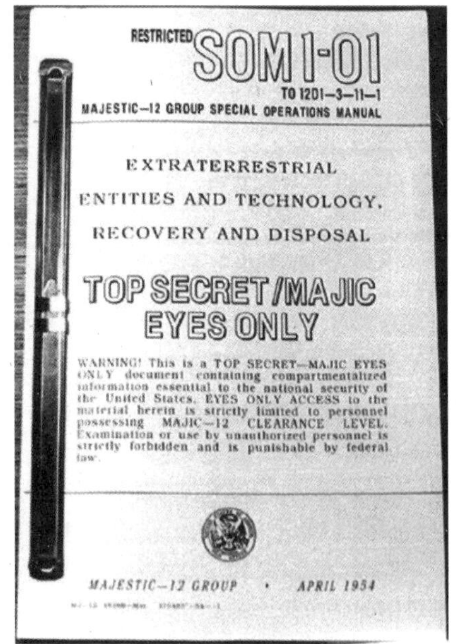
RESTRICTED SOM1-01
TO 12D1-3-11-1
MAJESTIC-12 GROUP SPECIAL OPERATIONS MANUAL

EXTRATERRESTRIAL ENTITIES AND TECHNOLOGY, RECOVERY AND DISPOSAL

TOP SECRET/MAJIC EYES ONLY

WARNING! This is a TOP SECRET—MAJIC EYES ONLY document containing compartmentalized information essential to the national security of the United States. EYES ONLY ACCESS to the material herein is strictly limited to personnel possessing MAJIC-12 CLEARANCE LEVEL. Examination or use by unauthorized personnel is strictly forbidden and is punishable by federal law.

MAJESTIC-12 GROUP • APRIL 1954

根據《信息自由法》解密的MJ12機密文件

在羅茲威爾事件（被官方認定為發現氣象氣球殘骸）之後，杜魯門採取了兩個更果斷的步驟來確保國家安全。羅茲威爾事發後不到一個月，杜魯門將所有武裝力量集中在國防部長福萊斯特的控制下。同年 9 月他批准在海軍少將羅斯科・希倫科特（Roscoe H. Hillenkoetter）的指導下建立新的中央情報局。這兩個人：詹姆斯・福萊斯特（James Forrestal）和羅斯科・希倫科特（Roscoe H. Hillenkoetter），與美國軍事情報史上最具爭議的話題之一：Majestic-12 拉上了關連。MJ-12 的存在長期以來一直被美國政府否認。在 1984 年，荷李活製片人山拉德（Jaime Shanera）收到一封令人吃驚的郵件，暗示 Majestic-12 在 40 年代末和 50 年代初，杜魯門瘋狂地將他最終的國家預算的 75% 分配給武器軍備上，並與任何願意長期坐視不理的世界領導人簽署聯盟條約。山拉德的驚人發現包括：作為美國軍方最重要的兩個人，福萊斯特和希倫科特均是 Majestic-12 的成員。山德拉在 1984 年收到的匿名包裹中裝有一卷未曝光的菲林。沖洗菲林後，他獲得兩份文件的照片。第一份是 1947 年 9 月 24 日杜魯門總統本人寫給福雷斯特的備忘錄。第二份是 1952 年海軍少將羅斯科· 希倫科特給當選總統的艾森豪威爾的簡報文件。杜魯門總統的備忘錄授權實施「雄偉十二號」行動。這份簡報被歸類為「絕密/只可以眼見」最高級別的機密文件，可以說代表美國政府高層對 1947 年至 1952 年間不明飛行物體情報的總結，包括有關羅茲威爾的詳細信息。它還列出了原始 MJ-12 所有成員的姓名。福萊斯特和希倫科特得到了最高級別的國防和研究人員的支持。

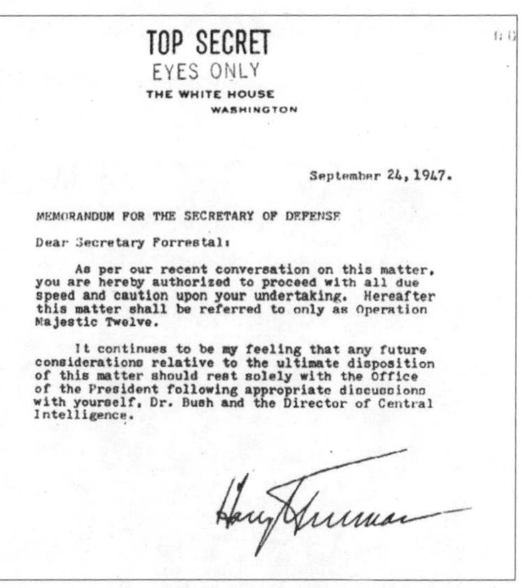
TOP SECRET
EYES ONLY
THE WHITE HOUSE
WASHINGTON

September 24, 1947.

MEMORANDUM FOR THE SECRETARY OF DEFENSE

Dear Secretary Forrestal:

As per our recent conversation on this matter, you are hereby authorized to proceed with all due speed and caution upon your undertaking. Hereafter this matter shall be referred to only as Operation Majestic Twelve.

It continues to be my feeling that any future considerations relative to the ultimate disposition of this matter should rest solely with the Office of the President following appropriate discussions with yourself, Dr. Bush and the Director of Central Intelligence.

Harry Truman

1947 年 9 月 24 日杜魯門總統寫給福雷斯特的備忘錄

第一代 MJ12 成員

詹姆斯・福萊斯特 James Forrestal（美國國防部長）

羅斯科・希倫科特 Roscoe H. Hillenkoetter（創建中央情報局）

洛依德・貝克納 Lloyd Berkner（聯合研發委員會執行秘書）

德特勒夫・布朗克 Detley Bronk（國家研究委員會主席）

萬尼瓦爾・布殊 Vannevar Bush（曼哈頓計劃開發第一顆原子彈的負責人）

戈登格雷 Gordon Gray（陸軍助理部長）

傑羅姆・克拉克・亨塞克 Jerome Clarke Hunsaker（國家航空諮詢委員會主席）

唐納德・霍華德・孟澤爾 Donald Howard Menzel（哈佛大學天文台主任）

羅伯特・蒙塔古 Robert Montague（新墨西哥州桑迪亞基地指揮官）

西德尼・蘇爾斯 Sidney Souers（國家安全委員會執行秘書）

特文寧 Nathan Twining（萊特-帕特森空軍基地的指揮官）

霍伊特・范登堡 Hoyt Vandenberg（中央情報局局長）

第一代 MJ12 成員

當然這份文件的真實性受到質疑，但理查·M·比塞爾（Richard M. Bissell Jr.，前中央情報局計劃副主任和杜魯門政府時期的白宮工作人員）最初反應是這些文件是真實的。此外，還有一些軼事可作佐證。在艾力·沃克博士（Eric Walker）承認他曾出席賴特-帕特森空軍的會議後，不明飛行物研究員威廉·斯坦曼（William Steinman）被艾力·沃克博士（曾擔任研發委員會執行秘書的英國科學家）警告不要談論 MJ-12。他們不僅討論了飛碟回收，還討論如何處理回收的外星人屍體。

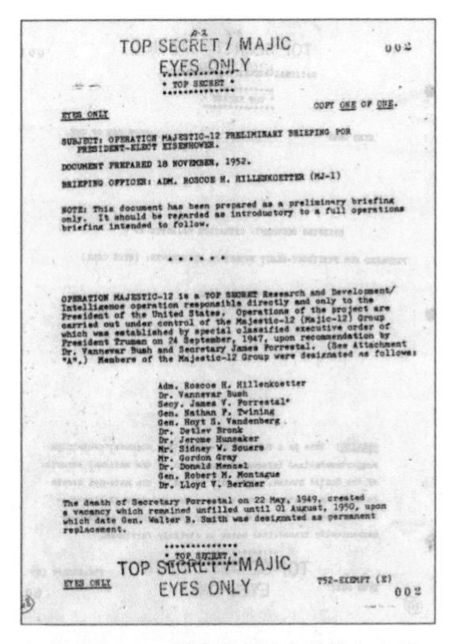

TOP SECRET / MAJIC
EYES ONLY

• TOP SECRET •

COPY ONE OF ONE.

EYES ONLY

SUBJECT: OPERATION MAJESTIC-12 PRELIMINARY BRIEFING FOR PRESIDENT-ELECT EISENHOWER.

DOCUMENT PREPARED 18 NOVEMBER, 1952.

BRIEFING OFFICER: ADM. ROSCOE H. HILLENKOETTER (MJ-1)

NOTE: This document has been prepared as a preliminary briefing only. It should be regarded as introductory to a full operations briefing intended to follow.

* * * * * * *

OPERATION MAJESTIC-12 is a TOP SECRET Research and Development/Intelligence operation responsible directly and only to the President of the United States. Operations of the project are carried out under control of the Majestic-12 (Majic-12) Group which was established by special classified executive order of President Truman on 24 September, 1947, upon recommendation by Dr. Vannevar Bush and Secretary James Forrestal. (See Attachment "A".) Members of the Majestic-12 Group were designated as follows:

Adm. Roscoe H. Hillenkoetter
Dr. Vannevar Bush
Secy. James V. Forrestal*
Gen. Nathan F. Twining
Gen. Hoyt S. Vandenberg
Dr. Detlev Bronk
Dr. Jerome Hunsaker
Mr. Sidney W. Souers
Mr. Gordon Gray
Dr. Donald Menzel
Gen. Robert M. Montague
Dr. Lloyd V. Berkner

The death of Secretary Forrestal on 22 May, 1949, created a vacancy which remained unfilled until 01 August, 1950, upon which date Gen. Walter B. Smith was designated as permanent replacement.

• TOP SECRET •

TOP SECRET / MAJIC
EYES ONLY

EYES ONLY

T52-EXEMPT (E)

002

包含原始 Mj12 所有成員姓名的機密文件

如果 MJ-12 確實存在並已保密了很長時間，那麼羅茲威爾的官方台詞可能無法反映 1947 年 7 月 2 日真正發生的事情。山拉德收到的文件，描述了 7 月 2 日晚上羅茲威爾一次空中偵察任務，記錄了飛行員目睹飛碟上彈射出四個類似人的「小人物」。這些屍體過了一周才被發現，在此期間它們已腐爛及被掠食者破壞。儘管如此，在杜魯門總統命令下，由特文寧將軍和布朗克博士領導的秘密小組努力對這些屍體進行分析。「地外生物實體」（Extraterrestrial Biological Entities, EBE）這名稱開始出現在最高級別的報告中。在這種情況下通常會收到通知的情報官員　（例如羅茲威爾陸軍空軍基地原子彈部隊第 509 轟炸機大隊的傑西·馬塞爾 Jesse Marcel）竟不知道發現了任何屍體。然而只要平民參與其中就很難保守秘密。像事件中格倫·丹尼斯(Glenn Dennis)在基地附近的一家殯儀館擔任殯儀員,他回憶起有人詢問是否有密封棺材可供使用。丹尼斯後來從女朋友那裡得知更多內情,他的女朋友是基地的一名護士,她聲稱她在場進行 EBE 的屍檢。這名護士後來被轉移到英國,據稱在一次空難中喪生,但從未找到任何記錄。不管真實的故事是什麼,一個氣象氣球的墜毀事件應該如此保密嗎?氣球殘骸應該由武裝警衛下從一個地方押送到另一個地方?這些軍方行動莫名其妙,完全不能解釋原因。

真實的 MIB

上世紀 90 年代,美國國會議員史蒂文·希夫(Steven Schiff)重新審理羅茲威爾事件。新墨西哥州被要求提供一份完整報告。此事由國會調查部門辦公室處理,但在他們發佈調查結果之前,空軍先發制人發佈一份報告,稱戰後美軍根本沒有能力快速識別、恢復、協調、掩蓋和迅速減少公眾對此類事件的審查,他們聲稱這樣做了半年都不留下一點可疑的文件痕跡,是不可思議的。美國政府還採取幾十年前製定的保密政策,繼續將外星人資料收在政府檔案中,民眾依然被謊言所欺騙和誤導。他們決定做的是讓民眾慢慢接受外星生命的存在,而不會產生普遍的恐慌。所以荷李活的幫助下,我們得到了外星人和第三類接觸的電影,展示了外星人的友善和敏感。外星人和地球人可以和平同處,但是這是真嗎?從 80 年代開始這類可愛的外星人電影和電視節目越來越多,接觸的年齡層越來越年輕,好像是美國政府都希望 80 年代成長的人被洗腦,等待他們長大時公佈外星人的存在時,地球人都欣然接受它們,唐納德· 特朗普總統公佈了美國太空軍的標

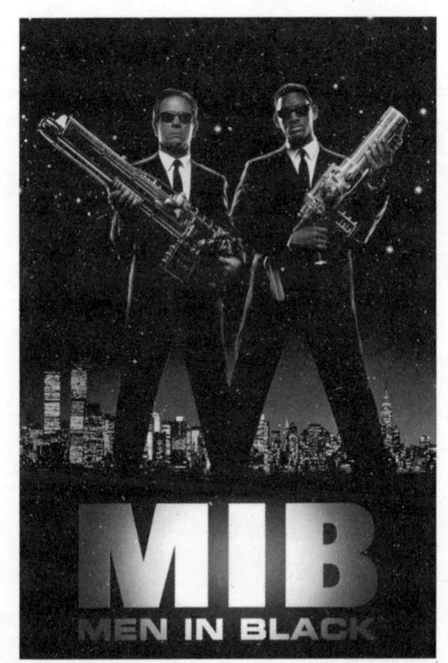

傳聞美國政府利用電影《Men In Black》來轉移民眾思想

誌時，民眾反應熱烈，成立太空軍的疑問都完全忘記。正如電影《黑超特警組》（MIB）這老少咸宜，娛樂性豐富的荷李活電影就是一好例子。真正遇到 MIB 的過案都令人感到毛骨悚然，驚嚇萬分！你可能還記得韋史密夫在電影中扮演黑衣人（Men In Black），但傳聞政府借這部電影轉移民眾的思想，地球人的確同眾多外星人結成銀河聯邦......。或者很快民眾會告訴政府：我們已準備好迎接外星人。我們相信那時我們只會遇到一些像北歐人這樣俊男美女的外星人；我們不會遇到小灰人，不會繼續成為被監管、虜拐，像實驗室老鼠一樣成為小灰人實驗的對象。

飛碟是否在新墨西哥沙漠墜毀？艾森豪真的與一群外星人進行了歷史性的會面，與他們簽署條約並為美國政府的首次正式接觸打開大門嗎？這一切都變得不重要！現在美國政府告訴我們，將真相告知民眾的時機還未到。所以艾森豪威爾圖書館的檔案管理員吉姆·萊耶扎普夫（Jim Leyerzapf）告訴我們，他的圖書館裡沒有記載表明發生過與外星人會議的檔案。故事隨著時間過去發生變化，濃霧令到事情出現更多變化，真相越來越模糊。

首先，艾森豪威爾前往愛德華茲空軍基地參觀羅茲威爾墜機事件後取回的外星人屍體。實際上在 1954 年 2 月他會見了北歐外星人和小灰人。1954 年 2 月，他在拉斯維加斯的高爾夫球場失踪了幾個小時，表面故事是他要緊急做牙科手術，據說這是由當地一位名叫珀塞爾的牙醫完成的。（抱歉，事實證明他的辦公室沒有任何總統做牙科手術的記錄。）雖然沒有任何官方承認，但好些不明飛行物研究者認為，1941 年和 1947 年，兩架外星飛船在地球上墜毀，1954 年 2 月艾森豪威爾總統與小灰人秘密會面並簽訂條約。這事因 exopolitics.org 的麥可·薩拉（Michael Salla）在艾森豪威爾會議上整理的一份文件而曝光。這就是真正的「黑衣人」和眾多不明飛行

斯諾登洩露的文件透露，美國政府不停散佈假飛碟訊息來誤導民眾

物體被掩蓋的原因。所以在愛德華·斯諾登洩露的大量文件中，有一張來自 GCHQ 的 Powerpoint 圖片就告訴我們，政治背後操作是不停散佈假的飛碟訊息來誤導民眾。

歷屆美國總統的更迭，使政策發生改變，政府必須思考，一旦無可辯駁的外星生命存在證據被發現，政策制定者須注意屆時出現的政策問題。政府應對措施的演變可分為五個歷史階段，特徵為總統的行政監督權逐漸削弱，以及嵌入軍事情報，國家安全部門、秘密組織的自主和獨立性日益增強。這種對總統的行政監督的侵蝕，意味著對民選產生的總統、國會和其政治任命的最終控制權逐漸被剝奪，這似乎具有「政治政變」的特徵。對於那些實際控制外星人問題的政治管理人來說，總統已經淪為橡皮圖章；或者說在民主黨總統上台時，與政治無關。

第一個政治管理階段是羅斯福在任期間的危機管理，當時外星人的存在使第二次世界大戰時陷入外交政策危機，最終由行政監督下設立的科學軍事機構複合體所控制，以配合戰爭的需要。

第二階段是杜魯門政府在戰後時期努力建立一個框架，通過一系列負責制定政策和協調科學-軍事-情報界的特設委員會，對外星人的存在進行政治管理。

第三階段是艾森豪威爾政府的全面管理，通過改善聯合軍事部門、情報部門和國家安全部門，不同秘密組織之間的政策協調，並為美國企業和外交政策精英引入更重要的角色，共同參與了對外星人的秘密管理。

第四階段是在艾森豪威爾政府後期和甘迺迪政府期間，總統／行政部門喪失直接監督的實權，而為應對外星人而創建的秘密組織獨立性提高。

有證據表明，美國在伊拉克的軍事行動，標誌著對「外星人存在」的政治管理，進入令人不安的第五階段，秘密組織有效地控制了外國政府，專門用於管理外星人存在。所謂「政治管理」可定義為一系列協調一致的政策，用於處理具重要公共政策影響力的各種問題。在對「外星人存在」進行政治管理的情況下，必須制定一種協調的戰略方法，處理所有公共政策事宜。更重要的是，這種政治管理涉及協調各種議程、逆向工程計劃、秘密軍事行動、情報收集行動，以及聯合政府軍事、情報和國家安全部門的各種秘密組織進行的政策研究。

Majestic-12（MJ-12又名「PI-40」和「特殊研究小組」）被確定為在政治上領導美國處理「外星人存在」的主要秘密組織，該組織隸屬秘密行動委員會。納爾遜·洛克菲勒和亨利·基辛格博士在這秘密組織中有突出地位，他們暗地支持美國企業和外交關係委員會等精英政策研究團體，為不明飛行物體存在的政治管理提出重要見解。這極大地揭示了美國對伊拉克進行軍事干預的動機，這可能是對「外星人存在」的政治管理之重要分水嶺。本文將解讀美國政府/秘密組織在各個階段所採取的政治管理方法。

Majestic-12對「外星人存在」實施政治管理

我們嘗試分析這些秘密組織如何對政府影響力越來越大，令行政監督逐漸受到侵蝕；還概述美國軍工企業和外交關係委員會在政治管理「外星人存在」方面的作用越來越大。此外，進一步研究美國對伊拉克的軍事干預，其實是一種最新政治管理方式，探討這對未來管理「外星人存在」有何啟示。上述這一切，皆是以對美國民主和自由原則構成威脅的方式進行的。

第一階段：

「外星人存在」的危機管理，早在 19 世紀就已經開始。這可以追溯到美國政策制定者努力應對外星人存在的無可辯駁的證據，由此使政策受巨大影響。1942 年加洲上空出現不明物體， 這件著名的「洛杉磯之戰」(Battle of Los Angeles) 事件，最初以為是日本空襲，但證據表明這是一個不明飛行物體。美國從 1942 年開始參與第二次世界大戰，這意味著這些涉及外星人駕駛航天器的驚人事件，必須在全球軍事衝突的背景下進行政治管理，這需要顧及美國國家生存來協調政策反應。羅斯福政府採取最嚴格保密的方法，理由是基於一種假設，即「敵人」：日本和納粹德國，有機會通過情報渠道發現「外星人存在」，並利用此點來擊敗美國軍隊。

羅斯福政府將「外星人存在」的控制權委托給美國戰爭部（之後改更名為國防部），後者立即意識到這種發展的軍事意義。從外星人中獲得的任何技術和知識，都將用於開發協助戰爭得勝的武器。從目擊者的證詞中，有相當多的證據表明，早在 1943 年，美國海軍已通過一項為海軍艦艇開發「隱形技術」的絕密項目，這就是「費城實驗」。

該項目確立了美國海軍進行外星人技術逆向工程的首要地位，以及軍事機構內，整個外星人問題的從屬地位。這一階段的政治管理重要特徵，是軍事資助的科學實驗室發揮主導作用，這些實驗室將在逆向工程外星人技術中發揮關鍵作用。這種「軍事-科學綜合體」對於贏取戰爭和應對「外星人存在」至關重要。

作為戰時總司令，羅斯福總統對「外星人存在」的政治管理，與曼哈頓計劃的政治管理，意義同出一轍。該計劃生產了第一顆原子彈，既要保密又需要清晰的指揮系統，須不遺餘力地資助直接隸屬軍隊的科學實驗室，以利用外星人科技在戰場上取得成功。沒有證據表明羅斯福政府設立任何特殊的組織來處理外星人問題，只是簡單地把相關問題，交由統籌戰爭的部門負責。

作為三軍總司令，羅斯福和他最高級的顧問將獲得廣泛信息，利用從外星人處獲得的技術和情報，對軍事項目進行必要的行政監督。最重要的是，第二次世界大戰的背景，意味著國會無從過問外星人問題，因為軍事層面需要最大程度保密，外星人對戰爭的影響力，會對國家安全帶來極大影響，故此連國會也須保密。

第二階段：

當杜魯門在 1945 年成為總統時，第二次世界大戰的「成功」結果已經很明顯了。這意味美國可以開發一個更有組織的制度結構，從政治上管理「外星人存在」。就公眾而言，美國的安全威脅現在已經結束，操盤者認為很快就會有來自民間的壓力，要求國會監督和公開披露由軍事及情報部門進行的秘密計劃。由於美國軍方在戰時緊急情況下，已經完全操作和控制外星人之秘密，因此需要有一個過程，以決定政治上該如何做。

毫無疑問，他們要面對的第一個問題，是應該多大程度上向國會和公眾披露「外星人的存在」。更重要的是，需要建立一個機構，來確保不同軍事和情報單位之間的政策協調，該機構所有人均從事管理「外星人存在」；至關重要的是，這可讓總統及其主要顧問充分了解情況，對整個軍事科學情報界施以行政監督，確保外星人問題在安全範圍內。

1947 年，杜魯門以備忘錄形式批准當時的國防部長詹姆斯· 福雷斯特成立一個秘密委員會，該委員會將負責三個關鍵範疇：管理、公開、披露；以及各種項目的政策協調，並對相關秘密組織實施行政監督。該小組名為 Majestic-12 ，最初由 12 名來自軍事、情報和文職部門的高級人員組成，他們組成了一個特設委員會。因此，MJ-12 其實是一個秘密政治實體，旨在從政治上管理「外星人存在」的一切，以便為總統提供最佳政策建議。重要的是，MJ-12 併入了同時成立的國家安全委員會，藉以將不同政府、軍事和情報部門的意見協調成一套連貫的政策建議，供總統選擇。

他們通過一系列特設委員會，來調查外星人的具體情況，以提出政策建議。其中最著名的是由阿爾伯特 · 愛因斯坦（Albert Einstein）和羅伯特 · 奧本海默（Julius Robert Oppenheimer）組成的特設委員會，他們於 1947 年 6 月發佈了一份關於 「與外星人的關係」的絕密報告，概述了一些應對外星人的建議、外交政策影響。

初時，對「外星人存在」的行政監督是通過總統、他的顧問和專責任命的官員進行的，他們將根據特設委員會提出的政策建議，在關鍵問題上主美國的政策方向。而這種「政治管理」越演越烈，因為戰後不明飛行物體的公開目擊事件增加，使維持公共保密政策變得更加困難。

尤其 1947 年公眾目擊不明飛行物體的數量異常增加，掀起一股要求官方回應和公開披露外星人真相的熱潮。其中最著名的是 1947 年的羅茲威爾事件，該事件催生了來自不同平民和官員的大量證詞，此題材的圖書亦隨之湧現。這導致空軍決定對不明飛行物的存在進行正式的公開調查。

藍皮書計劃始於 1952 年，調查時期分別為 1947-1948 年和1948-1952 年，是早期空軍對不明飛行物的官方調查。在公眾對不明飛行物新聞產生的喧囂中，杜魯門政府顯然得到了 MJ-12 委員會的建議，決定將消息嚴格保密，同時繼續監督有關外星人活動及調查其技術的秘密。

1949 年，杜魯門的國防部長詹姆斯・福瑞斯特被解職和離奇死亡，此事與外星人扯上關係， MJ-12 決定對公眾保持秘密。事緣有舉報人作證詞，福瑞斯特與其他組織成員對如何處理出現意見分歧，他傾向於公開披露較為有利。

福瑞斯特遭到杜魯門總統、主要顧問團和 MJ-12 其他成員的阻撓，他們決定必須對「外星人存在」以嚴格方式保密，堅決向公眾和國會否認事件真相。福瑞斯特因官方聲稱「精神崩潰」而被解僱，後來在貝塞斯達海軍醫院 6 樓「自殺」。根據幾位軍方「告密者」的說法，福瑞斯特被謀殺了。

國防部長詹姆斯・福瑞斯特被解職和離奇死亡

總之，杜魯門政府對 ET 存在的政治管理是嚴格的，MJ-12 作為隸屬軍事和情報部門的秘密組織，由軍方資助從事逆向工程計劃，協調各種與外星人通信的科學實驗室，和監督提供政策建議。

第三階段：

艾森豪威爾執政時期的 MJ-12 成員：

納爾遜·奧爾德里奇·洛克斐勒 Nelson Aldrich Rockefeller

艾倫·威爾許·杜勒斯 Allen Welsh Dulles

約翰·福斯特·杜勒斯 John Foster Dulles

查理·厄文·威爾遜 Charles Erwin Wilson

亞瑟·雷德福 Arthur William Radford

約翰·埃德加·胡佛 John Edgar Hoover

戈登·迪恩 Gordon Evans Dean

茲比格涅夫·布熱津斯基 Zbigniew Kazimierz Brzezinski

喬治·赫伯特·沃克·布希 George Herbert Walker Bush

約翰·傑伊·麥克洛伊 John Jay McCloy

羅伯特·阿貝克隆比·洛維特 Robert Abercrombie Lovett

威廉·埃夫里爾·哈里曼 William Averell Harriman

查爾斯·波倫 Charles Eustis Bohlen

喬治·肯楠 George Frost Kennan

迪安·古德哈姆·艾奇遜 Dean Gooderham Acheson

1952 年艾森豪威爾的選舉不僅帶來了共和黨政府，還帶來了對外星人政治管理的重大政策轉變，美國公司和外交關係委員會正式參與「外星人的管理」。艾森豪威爾在總統競選中得到洛克菲勒家族支持，因此他選擇納爾遜洛克菲勒（Nelson Aldrich Rockefeller）來負責重組政府也就不足為奇了。

洛克菲勒在 1953-59 年間擔任「政府組織咨詢委員會」主席。此外，他成為總統的冷戰戰略特別助理（1954-1955 年），在塑造艾森豪威爾對「外星人存在」的觀點方面發揮了關鍵作用。洛克菲勒家族的大部分財富和影響力來自約翰洛克菲勒建立的標準石油公司，該公司在美國石油行業建立了強大的壟斷地位，其遺產在埃克森/美孚/雪佛龍的旗幟下延續至今。

納爾遜洛克菲勒是約翰洛克菲勒的孫子，是一位「溫和的共和黨人」，在政治問題上是一個自由主義者，強烈支持自由國際主義的全球政治機構理念，但在經濟領域卻是保守的。艾森豪威爾要求納爾遜洛克菲勒為他提供建議並重組政府，特別是關於外星人存在的政策制定理論，在政府試圖解決相關問題的方式中，賦予了美國企業一個突出的角色，與意識形態相同的美國共和黨達成一致。這意味著就外星人問題而言，美國公司將在逆向工程的秘密發展中扮演重要角色。直接的後果是，以前由國防部直接資助的科學實驗室，之後在更新設施和使用資金方面有所改變。

這些實驗室現在通過軍事組織授予的合同獲得企業資助，而不是像第二次世界大戰和杜魯門政府那樣由軍方直接資助。美國公司的介入對進一步保密有好處，可以有效地使國會議員遠離有關外星人存在的真相。至少在理論上，政府 / 軍方資助的外星人技術逆向工程的科學實驗室，國會是有權監督的，但由企業資助的話，從事相同秘密軍事項目、使用相同人員的科學實驗室，國會議員是不可能的監督的，也無法確定資源和資金來源。

隨著藍皮書計劃的進行，國會試圖了解關於外星人的真實情況，在洛克菲勒看來，如果要保持保密，就需要進行全面重組，引進美國公司參與。私人公司提供了從政治上管理外星人存在的重要手段，可以通過援引私營部門市場的力量來維持保密，從而確保不受國會調查。

另一個重要的政策轉變是：將外交關係委員會（Council on Foreign Relations, CFR）充當絕密政策委員會的合適人手來源，該委員會的唯一任務是提供「外星人存在」的各種政治、經濟、社會、宗教和法律問題政策建議。

洛克菲勒家族成為 1921 年成立對外關係委員會的重要捐助者，每年捐贈 1,500 美元。1929 年為理事會的新總部捐款 50,000 美元；1945 年捐贈了理事會總部的建築物。洛克菲勒的影響力，從他們對任命重要職位的影響力中可見一斑。例如，在 1970 年代初期，理事會主席大衛洛克菲勒違背提名委員會的意願，堅持任命威廉邦迪（骷髏會成員）為頗具影響力的《外交事務》雜誌的編輯。

通過將外交關係委員會，艾森豪威爾政府的秘密組織招募新兵，而納爾遜洛克菲勒將自己和他的家人置於中心舞台。為了重組「外星人存在」的政治管理，他們將 MJ-12 正式化為一個完全由行政命令授權的自治機構，以審議和制訂關於外星人存在的政策。MJ-12 正式納入國家安全委員會秘密行動委員會：5413 委員會，這是以國家安全委員會法令 5412 所命名。

MJ-12 原先是一個由行政當局任命的特設委員會，現已轉變為一個永久性的小組委員會，在制度上嵌入了國家安全委員會中最機密的委員會。來自舉報人的證詞表明，在杜魯門時成立的特設委員會 MJ-12 經重組後，由兩層組成。最外層是一個由多達 40 人組成的特殊研究小組（PI-40）。其職能是為內層的決策小組（MJ-12）提供政策建議，在獲得艾森豪威爾的行政批准後，實際上執行官方政策。

艾森豪威爾領導的 PI-40 在維珍尼亞州匡蒂科海洋基地舉行了第一次會議，其中 35 名成員來自外交關係委員會。研究小組有兩位董事亨利 · 基辛格（Henry Alfred Kissinger）和茲比格涅夫 · 布熱津斯基（Zbigniew Brzezinski），其餘有愛德華 · 泰勒博士(Edward Teller)、保羅 · 尼采（Paul Henry Nitze）、大衛 · 洛克菲勒（David Rockefeller)和麥喬治 · 邦迪（McGeorge Bundy，後來的甘迺迪外交事務特別助理）等知名人士。

洛克菲勒的影響力

根據陰謀論事家威廉 · 庫珀（William Cooper）的另一個版本，洛克菲勒家族在馬里蘭州的一個專屬區域為研究小組建造了一個豪華的靜修所。MJ-12由19人組成，他們會審查各種研究，並根據12票的多數制度審議有關「ET存在」的政策問題，通過任何議題均必需如此。據曾在太平洋艦隊司令部海軍情報簡報小組任職的威廉．庫珀介紹，這個內層小組由總統外交事務特別代表領導，其組成根據以下公式確定。

總統冷戰戰略特別代表（又名國家安全顧問）納爾遜洛克菲勒（Nelson Aldrich Rockefeller）；中央情報局局長艾倫．威爾士．杜勒斯（Allen Welsh Dulles）；國務卿約翰．福斯特．杜勒斯（John Foster Dulles）；參謀長聯席會議主席阿瑟．雷德福海軍上將；聯邦調查局局長胡佛（John Edgar Hoover）；外交關係委員會（「智庫」）行政部門人員和一個名為JASON小組的秘密科學組織，由愛德華．泰勒博士（Edward Teller）領導的六人全是對外關係委員會的成員。

主要組織規則是，所有任命都必須得到MJ-12的批准；個人不能同時屬於MJ-12和PI-40；MJ-12上有個人任期限制；PI-40則沒有期限限制。與國家安全委員會負責政策協調的作用一樣，MJ-12負責協調涉及外星人的不同秘密組織的政策。PI-40在制定具體政策問題上、優先事項等方面將影響MJ-12。

作為MJ-12重組擴展的建築師，又是總統的特別顧問，洛克菲勒可謂MJ-12的關鍵負責人。此外，洛克菲勒通過其家族人脈，也可能影響對PI-40、外交關係委員會和JASON集團的任命。因此，洛克菲勒操控了戰略原則和任命權，這些原則和任命影響了政府如何制訂

「外星人政策」。

洛克菲勒的影響力逐漸使他和艾森豪威爾疏遠，因為艾森豪威爾意識到洛克菲勒的小組正在削弱自己就外星人事宜的權力。艾森豪威爾的擔憂有兩個方面：一是美國公司的作用，二是 MJ-12 如何處理外星人存在的情報信息。原由羅斯福 / 杜魯門政府資助、執行秘密軍事項目的軍事科學實驗室，轉變為由美國公司名義上負責這些秘密項目的模式，使艾森豪威爾感到對政府構成威脅。

首先我們從維基百科看看甚麼是軍工複合體？大家得先了解才可明白MJ-12和軍工複合體對美國的影響究竟有多大，以及兩者之間如何互相鬥爭，左右美國的外交政策。

軍事工業複合體

軍事工業複合體（Military-Industrial Complex, MIC），也稱軍事工業國會複合體（Military-Industrial-Congressional Complex, MICC），中文簡稱軍工複合體，是指一國軍隊與軍事工業因政治經濟利益過於緊密而成的共生關係。軍隊過份仰賴私營軍火企業提供軍需，私人國防工業會以政治及經濟手段（例如遊説國會議員，指支持軍工企業發展可為地方帶來大量就業機會）確保政府提供足夠預算，甚至為推銷武器而鼓動政府高層發動戰爭，令該國的軍事開支變得巨大。

作為一個貶義詞，軍事工業複合體主要用於美國的情境，這共生關係由國防承包商（軍事工業）、五角大廈（軍隊）以及美國政府（立法部門及行政部門）的要角所構成的聯合壟斷；此聯合壟斷關係以發「戰爭財」來獲取暴利，每與公眾利益相違背，發動或促成不必要（甚至有危害）的戰爭或軍事行動，在國際關係上引發不必要的軍備競賽及武器擴散。軍事工業複合體的貶義，主要來自於這種聯合壟斷的政經關係不受民主程序的監督、反省及控制。

艾森豪威爾在 1961 年 1 月發表「軍工複合體危險」的著名離任演講：「在政府委員會中，我們必須防止獲得無根據的影響力，無論是軍事工業聯合體尋求還是不尋求。錯位權力災難性崛起的可能性存在，並將持續存在。我們絕不能讓這種組合的重量危及我們的自由或民主進程。我們不應該認為任何事情都是理所當然的。只有警覺和知識淵博的公民，才能迫使龐大的工業和軍事防御機制，與我們的和平方法和目標正確結合，以便安全和自由共同繁榮。」

艾森豪威爾執政結束時，顯然覺得軍工複合體變得過於強大，在對外星人存在進行政治管理方面，已經脫離了總統和主要顧問的控制。從本質上講，美國公司的秘密軍事項目，通過軍方授予的合同獲得資金，這意味著總統和顧問團，已經無法控制秘密項目和組織中發生的事情。這些秘密項目和組織形成的「軍工複合體」，包括各種軍事和情報組織，失去控制「軍事企業實驗室」，也就無法接收準確和高質的外星人相關情報信息。

「軍工複合體」顯然能夠支配政府政策，制定如何處理與外星人有關的問題和突發事件，以至艾森豪威爾和顧問們感到沮喪和震驚。這表明 MJ-12 已被軍工複合體所侵蝕，如何削弱這些秘密組織的權力，已經成為當務之急。

及後，納爾遜洛克菲勒辭去了總統政府重組特別助理的職務，成功競選紐約州州長。然而，洛克菲勒在美國公司和 MJ-12 中的突出作用，令政治管理外星人的控制權越來越多地取決於 MJ-12。至於軍工複合體則掌控逆向工程外星人技術，各種情報機構就操弄外星人資訊。

艾森豪威爾在離任演講中暗示的是，就「外星人存在」的政治管理而言，其實已發生了一場政變。艾森豪威爾被操弄成一個傀儡，總統的角色僅賦予政策合法性，雖然這些政策是總統有份參與，卻是根據無法獨立確認的信息而制定的，艾森豪威爾有這種感覺。這從艾森豪威爾手下的一名軍官、准將斯蒂芬·洛夫金的報告中得到證明，他寫道：「艾森豪威爾被架空了，在他不知情下，他失去了對整個 UFO 狀況的控制。在他最後一次向全國發表講話時，我想他是在告訴我們，如果你不保持警惕，軍事工業園區不會讓你看到有關外星人的真相。而且我認為，他突然意識到這件事落入私營公司的控制之下，這些公司很可能會損害國家。」

據知情人所講，這種挫敗感困擾了艾森豪威爾幾個月。他意識到自己正在失去對不明飛行物研究的控制。他意識到這種現象或人們所面臨的任何事情，都不會掌握在最恰當的人手中。據我記得，他使用的語句是，「它不會落入最好的人手」。

甘迺迪政府是另一個里程碑，標志著對外星人的行政監督進一步受侵蝕。甘迺迪原本亦是一名外交關係委員會成員，這位年輕參議員早已被告知外星人的存在。像他的共和黨前任一樣，新任民主黨總統甘迺迪發現，外星人的秘密由軍事和情報組織主導，與 MJ-12 合作，以某種方式散播有關外星人的信息，消息引導向他們心中的特定效果，其目的明顯是要繼續為各種方案獲取資金。

如果外星人信息確實被扭曲，像艾森豪威爾演講所暗示的，那麼「外星人存在」將永遠屬於「威脅到國家安全」的範疇，受到嚴格保密。美國公司一日仍履行軍事合同，行政監督永無法發現秘密組織的真正目的，也無法檢查和確認那些由秘密組織提供的消息是否屬實，這是艾森豪威爾關心的問題，也是甘迺迪面對的問題。

甘迺迪和他最信任的高級顧問，嘗試努力重建行政監督和控制，但與艾森豪威爾一樣感到沮喪。甘迺迪的國際事務特別助理（國家安全顧問）麥喬治邦迪，以及國防部、國務院的其他內閣成員、中央情報局局長和參謀長聯席會議主席，皆有可能是 MJ-12 的成員，但這顯然對甘迺迪渴望作出改變並沒有幫助。

根據空軍一號前任乘務員比爾·霍爾登（Bill Holden）的說法，他和甘迺迪在 1963 年夏天飛往歐洲時曾談及：「總統先生，你對不明飛行物有什麼看法？」甘迺迪嚴肅片刻，回答說：「我想告訴公眾關於不明飛行物的情況，但我的嘴被封住了，雙手被束縛了。」

要對洛克菲勒的體制進行改革，即使是現任總統，也無法做到，無法控制相關政策的制定過程。甘迺迪努力重建行政控制，推翻令人不安的現實，企圖在軍工複合體管理外星人事宜時，能施以最起碼的行政監督，更重要的是，重奪政治管理，這無疑導致一連串交鋒升級。

例如，甘迺迪與赫魯曉夫領導下的蘇聯進行溝通，改善與蘇聯關係，倡議在應對外星人方面加強合作，這無疑擾亂了幕後操盤並有真正影響力的秘密組織。

支持這一觀點的文件已披露出來：甘迺迪希望與蘇聯加強合作，但遭到軍工複合體的反對。此外，據稱甘迺迪向軍工複合體發出了最後通牒，「他打算在接下來的一年(1964)內向美國人民揭露外星人的存在，並下令制定一項計劃來實施他的決定。」

洛克菲勒領導下的體系，使美國企業與嵌入軍事和情報部門的秘密組織，共同執行高度機密的計劃；他們怎肯讓一位致力於更加透明的民主黨總統，推翻整個利益勾結體系。甘迺迪後來被暗殺，很可能與他努力奪回管理「外星人存在」的控制權有關係。

甘迺迪遭遇暗殺，可能來自一些認為自己受到甘迺迪行動威脅的秘密組織。甘迺迪政府面對的危機是：決策小組 MJ-12 將開始制定政策，而不必得到總統的批准。這比艾森豪威爾政府的時候更惡劣，至少那時候必須得艾森豪威爾正式批准才能實施。

甘迺迪被暗殺，是一場「事實上的政變」，是整件事的高潮，在不到十年的時間裡，民選政府對「外星人存在」的行政監督就結束了。艾森豪威爾的共和黨派別，聯合洛克菲勒精心重構的軍工複合體，主導了外星人的政治管理方式，民選總統對外星人問題的行政監督大受侵蝕。

艾森豪威爾後來意識到一切已失去了控制，一場「無聲的政變」正在發生。甘迺迪嘗試重奪控制權，他遭暗殺是為轉折點。在羅斯福和杜魯門政府時期，總統和高級顧問充分了解並嚴格控制外星人秘密，那種行政監督現在已成為遙遠的記憶。真正控制權已落入秘密運作的軍事和情報組織手中，無需受行政監督，也沒有巨額預算。

撇除國家安全的隱患，從官僚主義的角度看，秘密組織反而有助維持現狀，減少公眾要求的透明度，又無需顧慮行政監督，官僚歡迎這做法是可以理解的。作為關鍵的政策協調機構，MJ-12 肯定能意識到這種「事實上的政變」趨勢。

民選政府喪失行政監督，軍工複合體從中受益，這就是 MJ-12 的體制定位，這意味著總統對外星人問題的實際情況知之甚少，並且必須依靠 MJ-12 來獲得有關軍事工業內的準確信息。MJ-12 幾乎不受總統及其顧問的干預或審查，因為總統根本沒有辦法確認或質疑所收到的信息。

總統政府被蒙在鼓裡，這意味著 MJ-12 可以利用信息產生符合自身利益和需求的政策結果。其中一個需求是確保一定程度的自主權，以最大限度地減少行政干預。MJ-12 大概認為自己可以超越總統的權限，成為政治上應對外星人問題的主要參與者。

第四階段

詹森總統和甘迺迪一樣，不受 MJ-12 的信任，被拒絕提供有關外星人的信息。約翰遜政府期間，MJ-12 在不受行政監督的情況下運作，並通過四個主要群體之間進行協調，從政治上管理外星人問題。

第一個是嵌入不同軍事部門的各種秘密組織，這些組織是軍工複合體的一部分，涉及逆向工程外星人技術，用於武器生產。

第二個是收集有關外星人活動信息的情報組織。外星人議程；建立與外星人的溝通渠道；並嵌入中央情報局、國家安全局和國防情報局。

第三個群體是總統和他的高級顧問，他們雖然不完全了解外星人問題的範圍，至少知道這些秘密組織的存在，以及 MJ-12 所發揮的政策協調作用。

第四個也是最後一個群體是國會和公眾，他們最不了解有關外星人的真實情況，根本不知道有應對外星人而設立的秘密計劃。

曾在艾森豪威爾政府任職，還曾短暫擔任五角大樓一項秘密項目的負責人菲利普· 科索上校指出，在杜魯門政府結束時開展的「藍皮書計劃」，「從一開始就是純粹的公共關係(PR)」，旨在轉移風向，讓公眾專注於辯論是否有足夠的外星人和不明飛行物證據；實際目的是對外星人技術進行逆向工程。

藍皮書計劃於1969年終止，這代表了外星政治管理人已有足夠信心。坊間大量UFO目擊和與外星人接觸的公開報告，令官方不披露外星人消息的政策構成威脅。作為處理外星人問題的關鍵政策協調機構，MJ-12現在對政治管理外星問題進行嚴格控制。如果要理解「外星人存在」如何受政治管理、如何侵蝕政府行政監督、MJ-12的自主性、對未來的總統政府產生什麼影響，就必須了解MJ-12的主要功能及其主要參與者是誰。

有傳MJ12的組織形式至今仍然存在，但名稱已改。

第五階段

越戰後，全球陷於經濟危機，MJ-12 的政治操控進入更深層的轉變，隨著社會進入水瓶座年代，各種政府醜聞出現：水門事件，MK-Ultra 的曝光，解剖外星人片段（雖然證實是偽造，不過知情者相信真實的菲林是存在的）等等；而軍工複合體仍然忙碌地在南美洲和非洲策動代理人戰爭。

美國國會於 1976 年先後制定《武器出口管制法》（Arms Export Control Act）與《國際武器貿易條例》（International Traffic in Arms Regulations），不過依然沒有辦法控制這個失控怪獸。多個總統成為傀儡，直到列根成為總統後，MJ-12 的權力再一次浮現出來。

「星戰計劃」的出現，暗視美國真正的敵人來自外星。布殊父子相繼成為總統，他們非常需要外星科技來維持國力，而其最新目標便是伊拉克。為何是伊拉克？我們可從傳聞說起：20 世紀 20 年代伊拉克地區發現了一個古文明的傳送門，也稱星際之門。當他們發現這些科技超出人們的認知，於是將消息完全封鎖，因此這考古發現很快便沒人再關注。

接下來的幾十年裡，各國政府都開始意識到「星際之門」的重要性，為了獲得其中的遠古高科技，越來越多的情報組織以考古學家身份來到伊拉克地區調查所謂的星門。甚至還有人指出，1941 年的英國伊拉克戰爭，其實是德國和英國為了爭奪星門控制權而發起的。畢竟當時煽動伊拉克人民起義攻擊英軍的是德國，而德國在二戰期間曾暗中搜尋世界各地的古文明遺址，企圖從中獲得遠古高科技。如果星門真的存在，那麼德國必然對其有濃厚興趣。

直到 2003 年的伊拉克戰爭，又有消息傳出，美國攻打伊拉克的真正目的是為了獲得藏在薩達姆皇宮深處的星際之門。畢竟在美軍佔領巴格達之後，立即派遣了大量士兵守衛整個薩達姆皇宮及周邊地區；事實上後來並沒有發現「大殺傷力武器」的證據，因此許多人認為美軍傾力守衛薩達姆皇宮的原因，很可能就是為了控制這座傳聞的星門。隨著伊拉克地區戰事不斷，局勢也變得越來越混亂，當地博物館和政府收藏的古文物遭到瘋狂掠奪。據許多目擊者透露，參與文物掠奪的幾乎都是外國軍方人員，他們甚至將一些古遺跡整個拆除搬運回國。總之自薩達姆政權徹底倒台後，伊拉克裡無數古文物和古遺跡也隨之消失殆盡，沒人知道其去向。

微生物學家及著名陰謀論者唐・布里施（Dan Burisch）曾指出，無論是海灣戰爭還是伊拉克戰爭其真正目的都是為了掠奪古文物，其中伊拉克戰爭則主要是為了得到星門。傳聞說美國沒有從烏爾城的巴別塔撤軍就是為了這埋藏在地下的東西。古巴比倫文獻說到古代有兩個大圖書館，一是尼尼微圖書館，它是屬於民間的，只收藏一些買賣契約、情詩等；另一個圖書館位於烏爾城巴別塔下面，這是一個皇室圖書館, 收藏了神給他們的文獻，教他們如何與神溝通。也有說法是當時美國派了大批工兵來到這裡進行挖掘，目的就是為了星際之門。

1990 年 10 月 10 日一個名叫娜伊拉（Nayirah）的 15 歲少女在美國國會會議上，指控伊拉克入侵科威特時進行了一系列慘無人道的暴行。儘管最終娜伊拉的證詞被證明是捏造的，但在當時卻成為美國出兵參與海灣戰爭的理由。那麼當時美國參與海灣戰爭的目的僅是為了「維護和平」嗎？還是垂涎已久伊拉克所掌控的古文物？畢竟時任美國總統老布殊曾擔任過中央情報局局長，而他對於所謂的娜伊拉證詞肯定比任何人都清楚，也更明白出兵參與海灣戰爭的真正目的是什麼。

由於當年的蘇美爾文明覆蓋了今天伊拉克的大部分地區，再加上各種蘇美爾文明與外星人有著密切聯繫的神話傳說，因此許多人相信今天的伊拉克地區依舊埋藏著不少遠古高科技，而星門便是其中一個。隨著近年來的研究及考古發現顯示，《聖經》中所提到的伊甸園很可能也位於伊拉克地區，並且所謂的伊甸園也可能並不是一個存在於現實世界的花園，而是一種環境可控的生物圈，即生物實驗室。因此星門會不會就是通往伊甸園的一個傳送門？如果真是如此那麼諸如約櫃、聖杯等宗教典籍中提到的聖物會不會也是真實存在的呢？要知道納粹德國當年可是傾盡全力去試圖尋找這些聖物的。

總之無論伊拉克地區戰事的背後目的是否真是為了爭奪星際之門，我們從一些電影中也可以看到對於這種推測的暗示。這種暗示被稱為「童話理論」，旨在將一些被禁止的事情插入到神話故事或影視作品中，使之能讓被更多的人所了解。

直到現在無人知道真相，不過肯定是 MJ-12 和軍工複合體為自己利益進行合作。從伊拉克和阿富汗戰爭中，軍工複合體對美國政府的影響越來越深，MJ-12 的角色出現微妙改變。隨著更多人願意出來對深層政府 MJ-12 對抗，「外星人存在」問題，答案似是一步之隔。揭密事件越來越多，我們相信很快便知道真相。外星科技是幫助人類進步或令人類步向滅亡？我們看看這個謊話何時被揭穿吧！

「備選方案 3」：秘密太空計劃

關加利

和愚老編合寫這本書時，他已決定以英國飛碟個案做藍本。而我從英國天才黑客 (Gary Mackinnon) 到這篇以英國一個神秘電視節目帶出的秘密，兩者都是有關聯的。1970 年代資訊發放非常單向，人們都是從主流媒體接收訊息，所以當那個節目播出時，的確令到不少觀眾引起恐慌。這個來自英國的陰謀論我自己非常喜愛，它是英國非常著名的都市傳說。所以當 YouTube 有網民上載此節目時，我便非常希望介紹給朋友知道。

神秘的電視節目

《科學報告：備選方案 3》(Science Report 1977 - Alternative 3) 是一個絕對神秘的電視節目，只於 1977 年在英國播出了一次，後來在澳大利亞、加拿大和新西蘭播出，但都被稱為是虛構的騙局，繼承了奧遜・威爾斯在收音機播出的節目《世界大戰》。《備選方案 3》這節目聲稱是對英國「失蹤人士」的個案調查，但調查過程無意中發現一項絕密計劃，這計劃是美國政府因應地球一旦出現環境大災難，世界各地的權貴和精英可逃離地球，到達一個適合人類居住的星球，這計劃的更大膽之處是利用科技使月球和火星成為可居之地。當然地球上的大多數人並不知道末日來臨。

Kindred Spirits – Orson Welles, who's *War of the Worlds* broadcast inspired *Alternative 3*

《科學報告：備選方案 3》(Science Report 1977 - Alternative 3)

根據維基百科上的資料說該節目原定於 1977 年愚人節播出。雖然播出時間推遲到 6 月 20 日，但片尾明確將影片日期定為 4 月 1 日。「備選方案 3」是安格利亞電視台 (Anglia TV) 一個獨立節目《科學報告》的一集。原定的播放日期是 4 月 1 日，但由於電視台因勞資糾紛而發生罷工行動，Anglia TV 無法在該日期播放節目，導致推遲播放。劇本由克里斯．邁爾斯和大衛．安布羅斯編寫，音樂由布賴恩．伊諾提供，節目部分樂曲收錄在 1978 的音樂電影專輯 (Music For Film) 中。除了主持人蒂姆．布林頓之外，節目中的所有角色都由演員所演出。不過相信陰謀論的英國人都認為這全是煙幕，節目所講內容全是知道內情爆料人士所提供。

這集節目首先詳細描述了很多「專家失踪」：物理學家、工程師、天文學家和其他相關領域專家的一系列神秘失蹤和死亡事件。奇怪死亡事件中，有一位名叫巴蘭坦教授（Jodrell Bank），在他離世之前，他向一位媒體朋友提供了一盤錄像帶，內容是他秘密參與一項太空計劃，但記者播放此錄像帶時，發現只有一些旁白聲音，影像卻不能播出。根據內容呈現的訊息是一班失蹤的科學家參與了美國／蘇聯在外太空的秘密計劃，揭露實行星際太空旅行的可能性比普遍以為的要高得多。這一集的主角是阿波羅宇航員「鮑勃・格羅丁」（由謝恩・裡默飾演），他聲稱在月球漫步期間偶然發現了一個神秘的月球基地。

在節目中科學家們已經確定，由於污染導致災難性的氣候變化，地球表面將無法長時間維持生命。物理學家卡爾・格斯坦博士（理查德・馬納飾）聲稱在 1957 年提出了解決這問題的三種方案。第一個選擇是地球上人口急劇減少。第二種選擇是建造巨大的地下避難所，以容納政府官員和一部分人口，直到氣候穩定。第三種選擇，即是此節目的「備選方案 3」，是人類移居火星，而在月球上建設一個中轉站。根據爆料人提供的信息，記者確定錄像帶需要特殊的解碼設備才能觀看內裡的視頻。結果找到解碼器後，所解碼生成的視頻顯示了 1962 年美國和俄羅斯聯合登陸火星表面。視頻中，觀眾看到在火星著陸，鏡頭聚焦在地表上移動的物體，然後一把聲音說「我們在火星，我們有生命」。但傳聞這一幕另有完全不同的的聲音訊息。那版本的聲音說「我們在火星上，我們有空氣」，沒有提到任何外星生命。

面對地球可能出現的大災難，人類其一對應方案是移居火星，在月球上建設一個中轉站。

真相被隱密？

這一集的《科學報告》，揭露了一個將改變世界的巨大事件。節目播出後，Anglia TV 立即被驚慌失措的觀眾的電話轟炸。觀眾被告知節目裡的警示是沒有根據的，就像奧遜・威爾斯 1938 年的《世界大戰》一樣，《備選方案 3》實際上是一個騙局。

電視台的官方解釋說那是愚人節的電視節目，只是給觀眾開一個玩笑，原定於 4 月 1 日播出，是一部由屢獲殊榮的編劇大衛・安布羅斯（David Ambrose）撰寫的故事。儘管相對晦澀，但自 1977 年首播以來，《備選方案 3》產生了持久的影響。

許多人認為該劇中描繪的虛構事件具顛覆性，令很多人都相信此節目不是一個開玩笑的特備節目，而是暗地反映了現實世界政府的秘密計劃。它激發了數百個關於秘密太空任務、月球和火星基地，甚至是先進航天器的外星艦隊的陰謀論。

The British press had a field day covering the panic that followed *Alternative 3's* only British broadcast

《科學報告：備選方案 3》播出後，引起民眾恐慌，英國媒體進行了實地報導。

虛構的《備選方案 3》以記者完成解碼一盒錄像帶而告終，該錄像帶揭示了 1962 年美國 / 蘇聯聯合火星任務的鏡頭。如此一個驚人說法有可能嗎？全球超級大國的太空計劃真的比公眾所知的要先進得多嗎？《備選方案 3》卻影響很多人，其中一個就是英國天才黑客加里・麥金農（Gary McKinnon）。在 2001 年麥金農聲稱發現驚人的證據，表明確實存在這樣一個絕密的太空計劃。麥金農侵入了五角大樓的絕密軍用電腦，發現了一份詳細說明「非地面」軍官的船員清單文件。

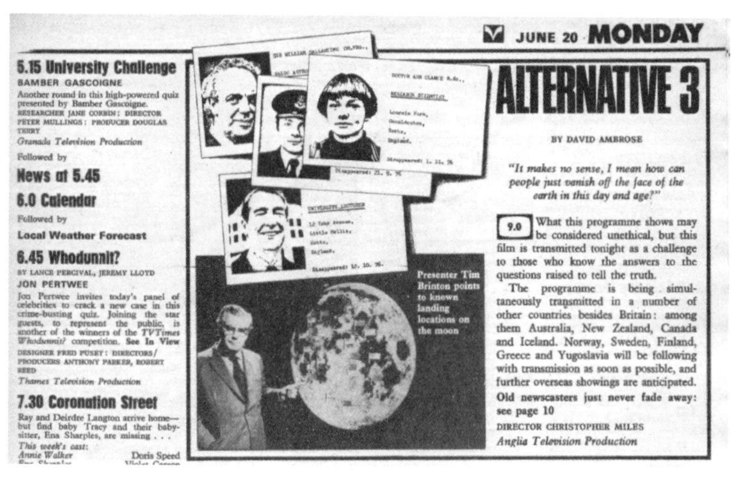

JUNE 20 MONDAY

5.15 University Challenge
BAMBER GASCOIGNE
Another round in this high-powered quiz presented by Bamber Gascoigne.
RESEARCHER JANE CORBIN: DIRECTOR PETER MULLINGS: PRODUCER DOUGLAS TERRY
Granada Television Production
Followed by
News at 5.45
6.0 Calendar
Followed by
Local Weather Forecast
6.45 Whodunnit?
BY LANCE PERCIVAL, JEREMY LLOYD
JON PERTWEE
Jon Pertwee invites today's panel of celebrities to crack a new case in this crime-busting quiz. Joining the star guests, to represent the public, is another of the winners of the *TVTimes Whodunnit?* competition. **See In View**
DESIGNER FRED PUSEY: DIRECTORS/PRODUCERS ANTHONY PARKER, ROBERT REED
Thames Television Production
7.30 Coronation Street
Ray and Deirdre Langton arrive home—but find baby Tracy and their baby-sitter, Ena Sharples, are missing . . .
This week's cast:
Annie Walker Doris Speed

ALTERNATIVE 3
BY DAVID AMBROSE
"It makes no sense, I mean how can people just vanish off the face of the earth in this day and age?"
9.0 What this programme shows may be considered unethical, but this film is transmitted tonight as a challenge to those who know the answers to the questions raised to tell the truth.
The programme is being simultaneously transmitted in a number of other countries besides Britain: among them Australia, New Zealand, Canada and Iceland. Norway, Sweden, Finland, Greece and Yugoslavia will be following with transmission as soon as possible, and further overseas showings are anticipated.
Old newscasters just never fade away: see page 10
DIRECTOR CHRISTOPHER MILES
Anglia Television Production

傳媒對《備選方案 3》事件的報道。

也許這證明了「備選方案 3」並非完全是虛構的。節目中描繪的秘密太空計劃是真的嗎？

證據來自軍部的神秘計劃：平行空間計劃（Parallel Space Programs）。

眾所周知，美國太空計劃由美國太空總署（NASA）管理。NASA

於 1958 年由德懷特・D・艾森豪威爾（Dwight D Eisenhower）簽署成立，是一個建立在早期軍事太空計劃基礎上的民間組織。許多備受矚目的項目，如雙子星、阿波羅登月任務和航天飛機，均受大量傳媒宣傳和公眾監督。儘管如此，即使在 NASA 成立之後，美國空軍仍繼續進行幾乎完全未知的、龐大而秘密的「平行太空計劃」。

這獨立於 NASA 的秘密計劃，從冷戰開始就極力逃避民眾的視線。我們可以從各種公開資料窺探這些隱密的計劃。

美國空軍的 Boeing X-20 Dyna-Soar 航天飛機

該計劃可以與阿波羅航天飛機的雄心相媲美，甚至可以與之匹敵。它幾乎是在完全保密的情況下運作的，其規模、範圍和目標都是非常模糊的，只有偶爾的低調新聞稿才暗示了它的存在。美國空軍的秘密軍事太空計劃是否更接近於「備選方案 3」中所提及的計劃？他們的技術是否比 NASA 的公共太空任務先進得多？

Dyna-Soar 航天飛機

長期以來，美國空軍一直如此秘密的黑色項目，公眾，有時甚至是國會，完全不知道它們的存在。各種飛機，例如 F-117A 夜鷹，都是在完全保密的情況下接受資助、開發、建造和運營的。夜鷹的存在直到 1988 年才被公開，也就是首次飛行大約 11 年後。

他們是否有類似的絕密太空項目，但公眾完全不知情？看看那些為官方承認的計劃，就會發現一種奇怪的模式。在 1950 年代後期，美國空軍在 Dyna-Soar 上花費了數十億美元，這是一種先進的、可重複使用的太空飛機。然後他們在 1963 年悄悄宣佈取消。在 60 年代中期，他們取消了名為 MOL（Manned Orbital Laboratory，載人軌道實驗室）的太空站計劃。另外，「地平線計劃」（Project Horizon）是一項雄心勃勃的載人月球基地計劃，早於 1969 年美國太空總署首次登月。它在實現之前也被不知不覺地取消。1989 年，《紐約時報》報導稱，美國空軍關閉了另一個計劃中的載人航天計劃，該計劃擁有 32 名宇航員和位於科羅拉多州的航天飛機發射設施。這是碩果僅存的報紙報導，在此之前，這個龐大的、「非 NASA」太空項目的存在完全不為人知。美國空軍會在多個載人航天計劃上花費數千億美元，然後悄悄地將它們全部封存而沒有任何結果，這似乎不太可信。

MOL （載人軌道實驗室）太空站計劃

MOL 是美國空軍的太空站計劃，這計劃由美國軍部投入大量資金研發。莫非他們從來沒有取消，而是秘密地繼續下去？還有其他更秘密的黑項目我們仍然一無所知嗎？這些計劃比 NASA 公開的任何計劃都要先進得多，如果是真的，那麼「備選方案 3」中設想的那種秘密太空計劃，大有可能接近事實而不是虛構。

美國空軍的太空站計劃是否一直秘密地運作？

從朗奴・列根（Ronald Reagan）總統在 1985 年寫的一篇奇怪日記來看，這種可能性或許並不那麼牽強。在他擔任總統後很久才出版的日記中，列根講述了在白宮與幾位頂級太空科學家會面。他在第 334 頁說——「這很有趣。太空確實是最後的前沿領域，天文學等領域的一些發展就像科幻小說一樣，只是它們是真實的。我了解到我們的航天飛機容量足以讓 300 人運行。」假設列根不僅僅是混淆或錯誤，如果沒有秘密太空計劃的背景，這種言論是不可能出現的。公開資訊裡，美國的航天飛機可容納 8 人，但只建造了 5 架。美國沒有，也從來沒有，擁有過將 300 人送入太空的技術。列根總統所說的，是否是他得知了這些秘密計劃，然後誤把它透露了出來？

到了 2001 年，來自英國的一名電腦黑客發現了證據，使列根日記中的這一晦澀條目以一種聳人聽聞的新視角呈現出來。

美國的航天飛機或許超乎已知技術。

2002 年，蘇格蘭電腦愛好者麥金農被美國政府指控為「有史以來最大的軍用電腦黑客攻擊」。2001 年至 2002 年間，麥金農以「獨奏」（Solo）為綽號入侵了五角大樓、美國空軍和 NASA 的數十台電腦。美國檢察官要求引渡他，指控他犯有 7 項與電腦相關的犯罪，麥金農可能會被判 70 年徒刑。麥金農聲稱找到了秘密太空計劃的證據。美國政府指控他所涉嫌的罪行包括：在 9-11 之後不久關掉海軍空軍基地的關鍵系統，關閉由 2000 台美國陸軍電腦組成的整個網絡，並複製、更改和刪除機密數據。麥金農本人堅稱他的行為沒有惡意，他只是在尋找不明飛行物及政府壓制自由能源技術的證據。他第一個發現是詳細列出美國空軍軍官的名單，包括他們的姓名和軍銜，而該文件名為「非地面官員」。麥金農認為文件中不是指外星人，而是指在太空中服役的人類軍官。文件中還有關於船對船轉移的信息，但這份文件十分奇怪，似乎沒有任何船名，或者實際上存在的軍官。

麥金農知道唐娜·哈爾(Donna Hare)的案例，她是前美國太空總署僱員，她說該機構在約翰遜航天中心的8號樓設有一個部門，其工作是清除太空圖像中的不明飛行物。麥金農在8號樓發現了一台無人看管的電腦，並尋找證據來證實唐娜的故事。令人難以置信的是，他說他找到了。電腦裡有一系列標有「原始」和「處理過」的文件夾。在原始文件夾中，他發現了一張巨大的、銀色的、雪茄形狀的飛船圖像，照片顯示它在北半球的軌道上飛行。

麥金農駭入所看見的圖像，有可能是「備選方案3」中提出的那種秘密太空計劃開發的航天器嗎？批評者質疑麥金農為什麼不下載或截取這些圖像中的任何一張。麥金農解釋說當時上網速度非常慢，長時間下載會令保安員有所防範。他本人承認，當他入侵電腦時，他經常吸食大麻並喝醉。撇開合法性不談，麥金農提供了驚人證據來支持一項秘密太空計劃的真實性。

各種佐證

除了麥金農的證言，還有其他人可以證實「備選方案3」的說法嗎？近年來，美國太空總署、軍方及其國防承包商的一些前僱員紛紛站出來揭露秘密太空計劃的證據。雖然部分舉報人講述的故事非常離奇和難以置信，以至令人對其所言是否屬實不得不打折，但仍有其他更可信的證詞。1965 年，卡爾沃爾夫中士（Sgt Karl Wolfe）是維珍利亞州蘭利美國空軍戰術空中司令部（USAF Tactical Air Command）的一名年輕電子專家。有一天他被叫到 NASA 的一個設施檢查一些故障的攝影設備。該實驗室正在處理月球軌道飛行器拍攝的月球表面圖像。有一件事讓沃爾夫十分震驚，該設施有來自世界各地的數百名科學家，他們說著數十種不同的語言。沃爾夫覺得很奇怪，尤其是在冷戰最激烈的時候。他與一位處理月球軌道飛行器圖像的攝影技術人員交談。那人顯得很不安。「我們在月球背面發現了一個基地」，他說。沃爾夫目瞪口呆。然後技術人員向他展示了一些圖片。沃爾夫見到大圓頂、塔和看起來像雷達盤的東西。「備選方案 3」聲言秘密太空計劃已經建立了一個月球基地，作為火星任務的中轉站。難道就是這個嗎？

探討《科學報告：備選方案 3》真相的書籍。

唐娜・哈爾講述了一個類似的故事。作為 1970 年代的 NASA 承包商，她遇到了一名員工，其工作是替 NASA 照片清除不明飛行物。出於好奇她四處尋找更多信息。她聽到傳言說阿波羅宇航員在月球上觀察到人造結構甚至航天器。約翰舒斯勒在波音公司擔任了 36 年的航天工程師，參與過許多 NASA 項目。他回憶起看過包含 UFO 的阿波羅圖像，然而之後瀏覽 NASA 公佈的官方任務照片，他無法找到以前看過含 UFO 的照片。那些不可告人的圖像已從數碼索引中刪除。

秘密太空計劃的告密者中，最令人意外的也許是法國軍方。2007 年，法國國防部的 Yves Blin 上校公佈，他們的 Graves 空間雷達系統收集到一些非常有趣的數據，檢測到大約 20-30 顆似乎不存在的衛星。美國國防部擁有一份紀錄所有在軌衛星的清單，包括其他國家的機密軍用衛星，但這次法國國防部偵測到的「衛星」，沒有一個被列入清單之中。美國秘密發射了數十顆衛星的傳聞漸漸秘密地流通，這些神秘的衛星幾乎可以肯定是由美國自己發射的。雖然這不完全是「備選方案 3」的證據，但它確實證明了某種秘密太空計劃的存在。無論這些衛星的目的是什麼，它們都需要地球上的大型基礎設施支援。如果所有設施、資金、技術、人員、火箭和發射台，一切都在秘密運行，這個基礎設施假設不止發射衛星，是否過於牽強？它會否負責一些秘密項目，例如月球上的神秘人工建築？很多質疑都懷着不同的觀點，但是我們從已公開的資料發現，美國軍部和 NASA 兩者都是從五十年代冷戰事期發展太空計劃，兩者走的路向卻完全不同。

Project Horizon 和 Project Lunex 等秘密計劃，預想在阿波羅計

劃之前於月球上建立軍事基地。美國軍部在 1950 年代就計劃部署人員在月球。

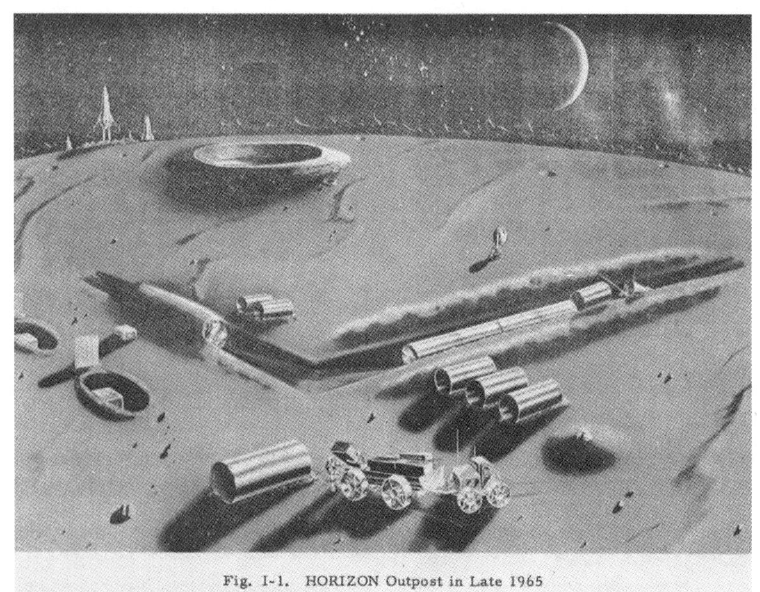

Fig. I-1. HORIZON Outpost in Late 1965

地平線計劃在月球上建立軍事基地

Project Lunex 計劃是美國空軍 1958 年在阿波羅計劃之前的載人登月計劃。在 1961 年訂立的最後一次月球探險計劃，打算於 1968 年在月球上建立一個 21 人的地下空軍基地，總成本為 75 億美元。後來的阿波羅任務與 Lunex 的主要區別在於「軌道交會機動性」。Lunex 飛行器由一個著陸模塊和一個升力體返回 / 再入模塊組成，能把整個飛行器和所有宇航員降落在地面上，而阿波羅任務涉及一個單獨的上升模塊，使「指揮模塊」和「服務模塊」停留在月球軌道上，只靠一名宇航員操作。阿波羅的回歸飛行器最初的計劃是直接上升，類似於

Lunex Project 原始設計。

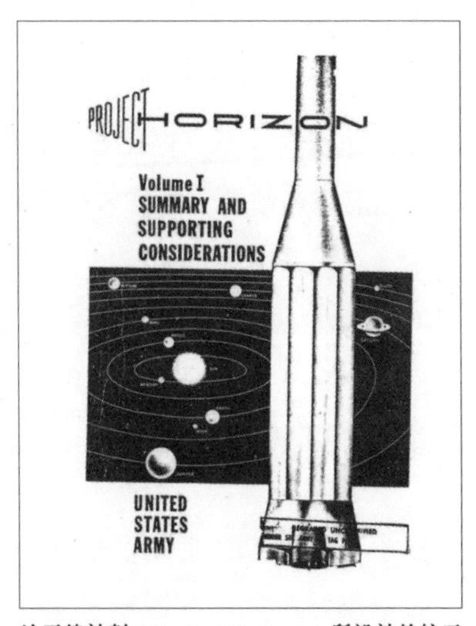

地平線計劃（Project Horizon）所設計的航天飛機

地平線計劃則是 1959 年的一項研究，旨在確定在月球上建造科學／軍事基地的可行性，當時美國陸軍部、海軍部和空軍部對美國太空計劃各自負有責任。1959 年 6 月 8 日，陸軍彈道導彈局(ABMA)的一個小組為陸軍製作了一份題為《地平線計劃，美國陸軍關於建立月球軍事前哨的研究》的報告。項目提案目的為：

月球前哨需要發展和保護美國在月球上的潛在利益；開發基於月球的地球和太空監視技術、通信中繼技術和月球表面操作技術；作為探索月球、進一步探索太空和必要時在月球上進行軍事行動的基地；並支持對月球的科學研究。

預計該永久前哨基地將「盡快」用於國家安全，耗資 60 億美元。12 名士兵的預計作戰日期是 1966 年 12 月，可是這計劃只停留於可行性研究階段，當美國太空計劃的主要責任轉移到民用機構 NASA 時，「地平線計劃」被艾森豪威爾總統拒絕。

表面上，這些計劃因各種原因而正式關閉，但實際上他們是否繼續作為「深黑色項目」運作？美軍可能在月球上秘密建立基地，這想法或許有點牽強附會，但還未到完全被駁回的程度。在「備選方案3」中，月球基地只是火星任務的一個中轉站。就規模、野心和復雜性而言，這將遠遠超過一個月球基地。

艾森豪孫女的驚人言論

1961年1月17日，在兩次成功擔任美國第34任總統之後，艾森豪威爾向全國發表了告別演說。在演講中，他創造了「軍工複合體」這個詞，這詞在現代政治詞典中很常見。艾森豪威爾警告工業武器生產商與國防部之間迅速發展的關係。他提到用於建設軍隊的稅收金額已經開始超過所有美國公司的總收入。今天閱讀它，艾森豪威爾演講的預兆已經出人意料地實現了，分配給國防的聯邦預算部分飆升超過6000億美元。翌年，國防預算提案要求增加540億美元，這是雙方在過去幾十年中批准的相對平均水平。但艾森豪威爾關心的不僅僅是國防預算的無休止擴張，他還擔心科學、教育和農業的發展方向，他對人們希望避免的局面作出了難以置信的準確預測。

他在不祥的告別演說中警告了軍工複合體的未來。但他的曾孫女羅拉·艾森豪威爾（Laura Eisenhower）表示，她祖父的預警不僅涉及到秘密太空計劃和長期與外星人接觸的全球精英的陰險議程！

羅拉成為了飛碟研究的知名人物，經常參與聚會授課和舉辦研討會，包括沙漠中與外星人接觸。羅拉聽到她爺爺與外星人會面，以及他參與 Majestic-12 秘密委員會的傳言後，對這個話題產生了興趣。經過進一步研究，羅拉說她發現和閱讀相關文件，事情才得到證實，這讓她相信這些事件是真實的，並且確實發生了。羅拉聲稱自己於 2006 年被招募與一名叫 X 特工的男子一起前往火星。她與 X 特工發生了關係，後來她得知，X 特工的任務是招募她和她的朋友 Ki' Lia 執行星際任務。她說美國政府通過「黑色預算」計劃在火星上建立一個殖民地，作為地球上發生災難性事件時的生存機制。

羅拉和自稱參與過時光旅行實驗的總統候選人安德魯・巴西亞戈（Andrew Basiago）一起說，由於她與前總統艾森豪威爾的血緣關係，她被人施以心靈控制，徵召加入火星殖民地。幸運的是，她最後免於被招募，並被現實的某種虛擬「矩陣」喚醒，於是我們無法藉此看到軍工複合體隱藏議程背後的真相。根據羅拉的說法，影子政府的陰險議程，是通過使用化學痕跡、轉基因食品、虛假旗幟和通過媒體進行精神操控來控制人口。羅拉說，世上不僅得一個軍工複合體，還有一個外星軍工複合體，她是通過一名前軍情六處特工了解到的。羅拉所說的外星軍工複合體在火星上建立殖民地的說法是否成立？這個由外星人和地球政府組成的軍工複合體，聽起來有些牽強，但最近有些有趣的啟示，可以為她的說法增添可信度。近日美國媒體公佈五角大樓一項為期五年的「黑色預算」，背後似乎掩蓋更

火星上可以興建殖民地嗎？

大規模的事件，這可能將不明飛行物的研究曝光出來。自 1900 年代中期出現的 UFO 現象，可能一開始就存在。外星的技術，與地球上的現存技術不符，地球的科技正處於把外星技術逆向工程的進程中。

羅拉提到參與秘密火星殖民地的人之一是哈爾・普索夫博士（Dr. Hal Puthoff），他是斯坦福研究所的前工程師。普索夫亦是「星辰學院」（To The Stars Academy）團隊的一員，該團隊由前搖滾明星 Tom Delonge 領導，目前主導著一場披露運動。該組織暗示要揭露逆向工程的先進外星技術。

艾森豪威爾擔任總統期間，他創建了「國防高級研究計劃局」（DARPA），該機構以製造高度先進的軍事武器系統而臭名昭著。一些新一代技術，被人懷疑由外星設備逆向工程得來，而 DARPA 常與之拉上關係。艾森豪威爾創建 DARPA，是為了回應在冷戰期間蘇聯於 1958 年 2 月將第一顆人造衛星 Sputnik 送入太空軌道。DARPA 的出現，與一些影響人類的最深刻技術關係密切，包括互聯網的新生基礎 ARPANET。自動駕駛汽車是 DARPA 的又一大舉動，可能會徹底改變我們的全球社會。

羅拉稱 DARPA 是秘密殖民火星的幕後黑手。儘管現在有研究提出，火星計劃表面上每年只收到 30 億美元，這對於一個火星殖民地來説遠遠不夠，但誰知道還有多少黑預算資金可分配給 DARPA 項目？這能給羅拉的故事增添一些合理性嗎？這個秘密機構是否可能擁有一些尚未準備好向公眾公開的高度先進技術？該機構會不會有一個更深層的計劃？

羅拉稱，她在 2006 年被邀請參加前往前往火星的任務。她獲知將進入火星上的基地，那是為地球一旦發生災難時的生存殖民地。這種說法，與「備選方案 3」中提及的方案完全相同。羅拉令人難以置信的故事被大多數人嘲笑。然而，她似乎很真誠，毫無疑問她相信發生的事情是真實的。因此，不能排除她成為某種騙局或情報行動目標的可能性。

一個只在英國播映的電視節目，令民眾引起極大恐慌，內裡的末日計劃，到了現在是否依然進行中？我們看看近代的歷史便會留意到蛛絲馬跡。「備選方案 3」顧名思義，是避免地球上即將發生的生態災難的三個擬定計劃的第三個。節目談及的方案，前兩個美國均有開展的實際行動項目。

三個災後方案

「備選方案 1」是使用核彈在平流層中炸開孔，溫室氣體可以從中逸出。雖然聽起來可能很荒謬，但 1950 年代的一項受爭議實驗確實向大氣層發射了核導彈。阿格斯計劃（Project Argus）表面上是為了測量輻射對地球高層大氣的影響，涉及在南大西洋數百英里外的南極引爆三個核彈頭。

「備選方案 2」是建立一個龐大的地下隧道和基地網絡，挑選的一群人遷入可以維持人類存續。僅在北美就有一百多個這樣的裝置。

賓夕法尼亞州的 Site R 和弗吉尼亞州的 Mount Weather 等基地非常龐大，它們擁有自己的鐵路網絡、醫院和電視演播室。

「備選方案 3」中最有力的想法之一是人類正處於生態災難邊緣的前景。當該節目於 1977 年播出時，這是公眾意識最前衛而令人擔憂的概念。關於全球變暖和全球變冷的「危言聳聽」言論開始出現。報紙上到處都是關於極端天氣和環境混亂的可怕警告。

如果「備選方案 3」的大部分內容都基於事實，節目情節也有可能是真的嗎？作者萊斯利沃特金斯（Leslie Watkins）開始相信這一點。沃特金斯於 1978 年受僱撰寫《備選方案 3》的小說，大大擴展了電視節目中所呈現的故事。這部創作出版後，他收到了數百封他認為來源可靠的信件，證實了小說背後的基本前提：這本書是基於事實的虛構。作者慢慢察覺事情並不簡單。於是沃特金斯決定使用讀者發送給他的證據來撰寫《備選方案 3》的非虛構續集，但在他開始懷疑電話和通信被情報部門監控後，他便放棄了這個創作計劃。沃特金斯開始相信他偶然發現了一些很深很黑的東西。1989 年，他寫道：「這本書是基於事實的虛構。但我現在覺得我在不經意間非常接近一個秘密真相。」

批評者指出，類似秘密太空計劃的想法不設實際，因為開展此類行動需要巨額資金。雖然美國軍方長期以來一直使用黑色預算，但在月球和火星上建造基地所需的未入賬資金數額將是驚人的。這樣的計劃使阿波羅登月任務完全相形見絀，以目前的價格計算，該計劃的成本為 1100 億美元。如此巨額的款項是否可以「賬外」產生？《國際國防技術》(Defense Technology International) 編輯比爾·斯威特曼 (Bill Sweetman) 估計，2010 年美國軍事黑色預算為 500 億美元。對比之下，美國太空總署同年的預算僅為 170 億美元。如此大量的資金可用，但其中大部分已經用於常規的黑軍事項目 - 飛機、導彈、炸彈等等。除了傳統的黑色預算之外，仍然需要其他收入來源。而且，即使這樣的資金來源能夠得到保障，真的可以在沒有人注意到的情況下花掉嗎？「備選方案 3」規模的項目將產生數百萬筆金融交易，僱用數十甚或十萬名員工，並涉及數百家技術和工程公司。這真的可以在絕對保密的情況下完成，而不會有更多的人站出來承認參與嗎？

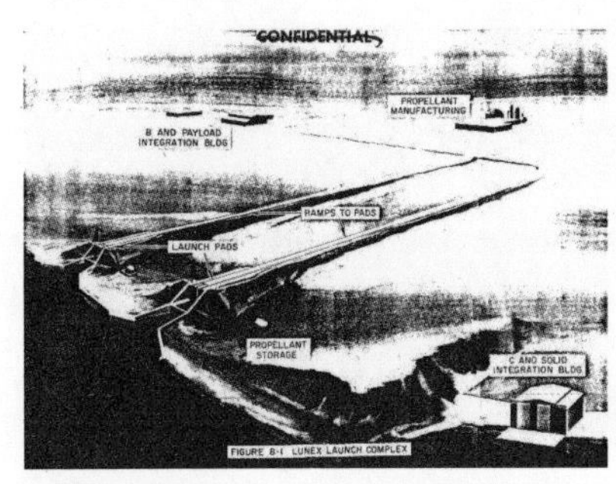

美國究竟有幾多不為公眾所知的外星基地

如果像麥金農和其他爆料人所說的那樣，一艘大型宇宙飛船真的在北半球上空運行，難道它不會被注意到嗎？來自世界各地數十個國家的數百顆衛星在軌道上運行，但似乎沒有一個檢測到這種飛行器的存在。地球上數以百萬計的業餘天文學家也沒有人用望遠鏡觀察過這艘飛船。在月球和火星上建造軌道太空船和基地，需要從地球進行數百次發射才能建造，所有這些都必須完全保密並且不被任何人觀察到。如此龐大的計劃能否對全世界保密？此外，俄羅斯、朝鮮、中國、伊朗等對西方有著傳統敵意的國家都發射了自己的衛星，亦曾對月球和火星進行了探測。飛船和基地怎麼可能對他們隱瞞？「備選方案 3」描述世界各國政府全部聯合起來，意味著現實上敵對國家的明顯敵意只是一種公開的偽裝。難道不止一次將世界帶到核戰邊緣的冷戰是一場騙局，根本蘇聯和美國一直在暗中合作？這些都是難以解答的疑團。

未來是否將有一場毀滅性的地球災難，一個將精英從地球大災難中拯救出來的秘密太空計劃真的存在嗎？「備選方案 3」在 1970 年代已嘗試告訴民眾，人類精英已有離開地球，移民火星的構思。

Foo Fighters 二次大戰的不解之謎

關加利

我們中的大多數人都聽說過「搖滾樂隊」(Foo Fighters)，Dave Grohl (來自前 Nirvana 樂隊) 的音樂樂隊。但我今次不是談論樂隊，雖然 Dave Grohl 確實以一個二戰神秘現象來為樂隊命名。

二戰期間盟軍飛機飛行員使用「Foo Fighters」一詞來描述在歐洲和太平洋戰區天空中看到的各種神秘空中現象。目擊事件首先發生在 1944 年 11 月，當時飛越德國的盟軍飛行員報告，看到飛機後面有快速移動的圓形發光物體。這些物體被描述為熾熱的、發光的紅色、白色或橙色。一些飛行員將它們描述為類似於聖誕樹燈和火球，大到 300 英尺，小到 1 英尺。Foo Fighters 無法被擊中或擊落。後來它們出現在全球各地的天空中。軍方認真對待這些目擊事件，懷疑這些神秘飛行物可能是德國的秘密武器，但進一步調查顯示，連德國和日本飛行員也曾報告過類似的目擊事件。在戰爭期間，Foo Fighters

二戰時飛行員使用 Foo Fighters 來描述在戰區天空中看到的神秘空中現象

這個詞變得普遍，會用來表示任何 UFO 目擊事件。這些個案都提交給科學家調查，但這種現象從未得到充分解釋。軍事情報部門從未發佈過有關個案的大部分消息。

Foo Fighter 一詞是由第 415 夜間戰鬥機中隊的一名雷達操作員唐納德・J・邁爾斯（Donald J. Meiers）從漫畫家比爾・霍爾曼（Bill Holman）的《Smokey Stover》中借來的，大多數 415 中隊成員都同意是他替不明飛行物取名為 Foo Fighter。邁爾斯來自芝加哥，並且是比爾霍爾曼的狂熱讀者，該連載每天在《芝加哥論壇報》上刊登。《Smokey Stover》的口號是「哪裡有 foo，哪裡就有火」。在 1944 年 11 月 27 日晚上的一次任務匯報中，415 部隊的 S-2 情報官弗里茨・林沃德（Fred Ringwald）說，邁爾斯和埃德・施洛伊特（Edward Schlueter）看到了一個紅色的火球，似乎以高速機動性來追趕他們。弗里茨說邁爾斯非常激動，他的後口袋裡藏著一本漫畫。他把它拉出來，重重地砸在弗里茨的桌子上，說：「……又是一個該死的 Foo Fighter！」衝出匯報室。

Foo Fighter 一詞由漫畫《SMOKEY STOVER》借用得來

據弗里茨・林沃爾德說，由於沒有更好的名字，所以 Foo Fighter 被官方所採用。這是第 415 團的人最初如此稱這些事件的原因：「Fuckin' Foo Fighters」。1944 年 12 月，美聯社駐巴黎的新聞記者鮑勃・威爾遜被派往法國第戎郊外的第 415 基地調查此事。部隊指揮官 Harold Augsperger 上尉也決定在部隊的歷史數據中將術語縮短為「Foo Fighters」。這些不明物體被不約而同地描述為熾熱的、發光的紅色、白色或橙色。一些飛行員將它們描述為類似於聖誕樹燈飾，並報告說它們似乎在玩弄飛行員，每在消失之前瘋狂轉彎。飛行員和機組人員報告說，這些物體與他們的飛機一起編隊飛行，其表現好像受智能控制，但從未表現出敵對行為。然而，他們無法被打敗或擊落。這種現象並不算太罕見，有時它們被稱為「kraut fireballs」，但在大多數情況下被稱為「Foo Fighters」。

1944年12月13日，巴黎最高司令部盟軍遠征軍發佈了一份新聞稿，並於次日登上了《紐約時報》，正式將這種現象形容為「德國新型武器」。關於「Foo Fighter」一詞的後續報導出現在《紐約先驅論壇報》和英國《每日電訊報》上。1945 年 1 月 15 日的《時代雜誌》刊登了一篇題為「Foo Fighter」的報導，稱「火球」已經跟隨美國空軍的夜間戰鬥機一個多月了，飛行員將其命名為「Foo Fighter」。據《時代雜誌》報導，不同目擊者對這種現象的描述各不相同，但飛行員一致認為，神秘的燈光以高速緊緊跟隨他們的飛機。當時有些科學家將目擊事件解釋為一種錯覺，可能是由高射砲爆炸引起的眩目殘像造成的；亦有其他人則建議將「聖埃爾莫之火」作為一種解釋。

神秘的燈光以高速緊緊跟隨軍機飛行

太平洋戰區報導的「火球」現象與歐洲報導的有所不同，在太平洋戰區的報告說，有一個巨大的燃燒球體懸浮在空中。它們有時會跟隨飛機。有一次一架 B-29 飛機的砲手設法用砲火射擊一羣火球，而擊中了其中一架，導致它分解成幾塊大塊，落在下面的建築物上並燃燒起來。有人猜測這種現象可能與日本的傳統氣球習俗活動有關。與歐洲的 Foo Fighters 一樣，沒有飛機受到「火球」的攻擊

戰後羅伯遜小組引用了「Foo Fighers 火球戰鬥機」的報告，指出它們的行為似乎沒有威脅，並提到可能的解釋，例如，它們是類似於聖埃爾莫之火的靜電現象、電磁現象，或者只是冰晶的光反射。專家小組的報告指出，「飛碟」一詞在 1943 年至 1945 年間流行，這些神秘物體在此時就被標籤成飛碟現象。

各國的目擊事件

鮮為人知的是，其實自 1942 年 3 月以來，英國皇家空軍轟炸機機組人員已一直報告德國上空出現奇怪的光球、發光物體和大型「飛行物體」。從 1942 年開始，在全球範圍內出現了大量目擊事件，甚至有報導稱 1940 年 5 月德國入侵比利時，比利時上空已出現

一個巨大的燃燒球體懸浮在空中

這些奇怪光球。儘管美國夜間戰鬥機機組人員使用「Foo Fighters」這詞彙，但在此之前，已有人用其他名稱來形容這種現象。官方報告中經常使用「流星」和「火箭」等術語，而許多英國皇家空軍飛行員將這種現象簡單地稱為「光」或「東西」。同樣鮮為人知的是，光球並不是機組人員報告看到的唯一物體，有人還看到了帶有舷窗的巨大圓柱形物體、倒置的「浴缸」和巨大的「毯子」。

1.「你們一定是瘋了！除了你自己的飛機，沒有人在那裡。不會看東西吧？」 — 地面雷達站在報告奇怪的物體後回復美國夜間戰鬥機飛行員，1944 年 11 月的機場紀錄。

第二次世界大戰期間，三條主要戰線（西歐、地中海和太平洋）有超過 100 個已知的 Foo Fighters 目擊事件，但在北非和東線也看到了奇怪的燈光和無法識別的飛行器。為了了解戰爭期間發生的遭遇，這裡列出了其中三個案例，所有的案例都發生在 1944 年 11 月傳統上公認的 Foo Fighters 現象開始之前。

二戰期間，三個戰線有超過一百個 Foo Fighters 目擊事件

2.「幾顆砲彈似乎射入了發光飛碟內，儘管物體在大約 150 米的射程內，但卻沒有任何效果。」— 1942 年 3 月在德國魯爾河谷的遭遇。

1942 年 3 月 25 日午夜前，一架波蘭機組人員的惠靈頓轟炸機從對埃森的一次突襲中回航，當時飛機的後砲手發現一道亮光正在接近他們的飛機。然而，它不是德國空軍的夜間戰鬥機，而是一個巨大的、發光的銅色球體，大約有月球那麼大。接近轟炸機 200 碼內，砲手開火，眼睜睜地看著他的曳光彈射入光球卻沒有任何可見效果。飛彈沒有從另一邊出來，也沒有造成任何明顯的傷害。然後一道奇怪的光射出並覆蓋了惠靈頓左翼翼尖的位置。

機組人員以為的機頭砲塔內機槍可以對付奇怪的光線，兩名砲手向以為是德國空軍夜間戰鬥機的飛機開火。飛行員執行了一系列規避動作，但無法損害光球。光球和轟炸機保持在相同的固定距離，看似完好無損，持續了幾分鐘，之後它飛到惠靈頓轟炸機前面的某個位置，在原位置停留了幾秒鐘，然後高速飛向遠處消失了。另一名在轟炸機後面飛行的機組人員也遇到了該物體，但由於害怕遭到嘲笑而拒絕報告這一事件。

3.「通過突然急轉彎，我以圓形飛行方式追逐光球，直到我可以將四門 20 毫米大砲瞄準它。我向光球射擊了幾次，直到彈藥耗盡，但我觀察到，光球的行徑都沒有明顯的變化。」 — 英國皇家空軍戰鬥機飛行員 1943 年的目擊事件。

1943 年春天，在北非上空，一名新西蘭戰鬥機飛行員被一道橙紅色的光體緊跟著，一道光線移動到他的機翼旁，與他的每一個迴轉飛行完全互相匹配，包括一連串旨在甩開的猛烈規避動作。這個神秘物體與他的行動配合之前，利用明顯的時間延遲，他幾次設法向發光體開火，但沒有效果。飛行員無法分辨是哪種飛機或物體發光，因為它太亮了。當他們越過前面時，它變得越來越暗，但只要向它射擊，它就會發出強光。這位英國皇家空軍飛行員的「神秘夥伴」在戰鬥機返回基地時消失了。他認識許多同僚，他們也與這發光體有過衝突。

飛行員無法分辨是哪種飛機或物體發光，因為它太亮了。

4.「他嚇壞了，臉色蒼白如鬼。那裡肯定有什麼東西把他嚇壞了，當他下飛機時，他幾乎瘋了。」 — 對美國夜間戰鬥機機組人員的影響，1944 年 10 月。

美國陸軍航空隊第 422 夜戰中隊在 1944 年末和 1945 年初有相當多的目擊事件，其中包括 1944 年 10 月的第一周在德國西部上空發生的一次重大事件，當時一個極其快速的物體跟住了其中一架 P-61 黑寡婦戰機尾部。神秘光球跟隨戰機，機師嘗試一連串規避飛行動作。儘管機師拼盡全力，也無法擺脱這個光球，無奈之下機師鑽進一片烏雲之中。光球最後沒有跟上，在烏雲外飛走。該中隊的隊友表示，飛行員的雷達觀察員受這次經歷所嚴重震撼，「24小時後仍不能平伏」。這神秘光球被正式記錄為「梅塞施密特」(Me 163 Komet) 火箭推進攔截器。直到 1945 年結束之前，還有更多飛行中隊成員遇到奇怪的光體。

各種謎團

這些 Foo Fighters是德國人的秘密武器嗎？當空襲進行時，德國工業城市的夜空佈滿了燈光。多色照明彈被投下以標記轟炸目標，並在攻擊期間燃燒殆盡時不停更換。而德國人使用誘餌信號彈來分散英國皇家空軍轟炸機師的注意力，德國空軍夜間戰鬥機師則使用「戰鬥機信號彈」在雲層中勾勒出敵機的輪廓，使同僚更容易看到它們。

經常可以看到突然爆炸的光球，伴隨著閃閃發亮的燈光，慢慢向地面墜落。英國皇家空軍的機組人員認為，它們是德國人試圖模擬轟炸機被擊落以降低敵軍士氣。這些光球綽號「稻草人」，在情報發放中佔據顯著位置，英軍安慰軍人相信光球確實是德國的恐嚇戰術；事實上，它們是被高射砲和夜間戰鬥機炸飛的飛機。然而，盟軍機組人員對所有這類照明彈和燈光都非常熟悉，它在任何方面、形狀或形式上都不像 Foo Fighters。

飛機師們熟悉照明彈和燈光，它們在任何方面都不像 Foo Fighters。

由於戰時保密和審查制度，大多數關於奇怪光球和非常規飛行器的報告從未公開，因為它們可能是德國的秘密武器。此外；個別單位的情報官員有權決定是否正式記錄此類報告，是否將其發送到指揮部進行分析。他們經常駁回飛行員的證詞，問他們是否喝了酒。如果提交了報告，同事們的不友善評論和謾罵就會隨之而來，直到他們自己也看到了一些奇怪和令人不安的現象。白紙黑字的 Foo Fighters 報告只是大量目擊事件的一小部分。

奇怪的火球跟隨飛機但沒有採取敵對行動，英國和美國的空中情報人員都感到十分困惑。1942 年和 1943 年的早期報告，包括在追蹤英國皇家空軍轟炸機時可以任意改變航向的「火箭」，以及一個 200

英尺長的物體，它以規則間隔發出紅燈，出現在空軍的視線裡。這些均被認為是新的德國秘密武器。大多數關於神秘光球的報告被認為是誘餌彈、機載探照燈或地對空導彈，當時盟軍認為是納粹德國研發這些武器。從盟軍有限的情報中，這些都是理性而明智的解釋，但事後看來，以德國戰時武器研究和部署的實際知識來說，盟軍的解釋是不正確的。

飛行員的證詞常被駁回，更被質疑是否喝了酒。

英國皇家空軍嘗試將探照燈安裝到夜間戰鬥機中，但發現它們會使飛行員失明，因此該計劃無任何的成效。德國人亦拒絕為同類型計劃投入資源，只是依靠地面探射燈。 1943 年末及 1944 年，幾個地對空導彈項目正在開發中，可是頻繁出現意外，發動機和組裝也有問題，加上政治干擾，皆拖慢了納粹的發展計劃。大多數測試發射都失敗了。從 1943 年中期開始，防禦的戰鬥機在白天向襲擊德國的 B-17 飛行堡壘和 B-24 解放者發射空對空火箭砲，但這些武器從未在夜間使用過。德國空軍在 1945 年初幾乎部署了一種線製空對空導彈，但生產火箭發動機的工廠在一次轟炸中被完全摧毀。

1944 年秋天，當德國空軍開始駕駛早期的噴氣式和火箭動力新型戰機時，那些奇怪的夜間光球在美、英官方記錄中經常紀錄為「噴氣式飛機」。儘管飛行員實際上目睹的是光球，而不是飛機，更何況當時德國人並沒有在夜間操作過噴氣式飛機或火箭動力型飛機。從 1944 年 12 月中旬開始，一小部分 Messerschmitt Me 262 噴氣式戰鬥機轉為夜間戰鬥機，在柏林防禦中作戰，但它們從未在 Foo Fighters 出沒的地帶飛行。火箭推進的 Me 163 Komet 出現在英國皇家空軍轟炸機機組的大量彙報中，但它從未在黑暗中飛行。這些德國的「秘密武器」中沒有一個與 Foo Fighters 機動性和能力描述相符。

機組人員實際上目睹的是光球，而不是飛機。

1944 年 12 月，關於 Foo Fighters 的目擊故事，被貼上「新納粹秘密武器」的標籤，開始出現在美國報紙上，但編輯卻發現出來評論現象的武器專家和空軍情報人員，根本對這些神秘物體的資料一無所知。1945 年春天，隨著盟軍地面部隊進入德國，目擊事件的數量幾乎下降到零。當戰爭最終在 1945 年 5 月結束時，Foo Fighters 似乎從西歐消失了，雖然官方紀綠上它們是德國的秘密武器。但是無論對被俘飛行員的審問、對飛機製造工廠和各種測試設施的調查，皆沒有發現與 Foo Fighters 相類的東西。遍查已發現的新型戰機或導彈設計文件，或遭搜出的各種武器計劃，均與與光球所顯示的巨大能力不符。被抓獲的科學家和技術人員接受查問，但也無法說明此事。事實證明，德國人和盟軍一樣對這種現象一無所知。

讓我們把焦點轉移到太平洋。自 1944 年 8 月以來，人們一直在該區域目擊到類似的奇怪光球，它們一樣不怕機槍射擊。其實自 1942 年底以來，已一直有零星報告稱看見奇怪的物體。1944 年 10 月，第 40 轟炸小隊的工作人員威廉布蘭查德少校（William H. Blanchard）在日本上空看到了神秘的「氣球」，直到三年後，巧合地布蘭查德本人成為羅茲威爾不明飛行物墜毀事件的爭議中心。空軍情報局認為太平洋上的一些目擊事件是德國提供給日本的技術。的確，戰爭即將結束時，德國確實向日本提供了一些新型武器計劃，但是將它們投入生產為時已晚。太平洋戰役隨著兩顆原子彈的投下而結束，「光球」目擊報告的數量也隨之減少。隨著民眾對 Foo Fighters 的興趣減弱，戰時報告被歸入檔案封存並被人遺忘。沒有調查人員能夠提出一種經得起時間考驗的解釋。現今研究者和 1944 年的情報官員一樣困惑，Foo Fighters 始終是一個謎。

Foo Fighters 一度被貼上納粹秘密武器的標籤

Foo Fighters的故事

近年，為數不少的美國海軍戰鬥機和陌生、未知的 UAP 交鋒，甚至在美國軍演的區域相遇，海軍戰機更於 2017 年發佈視頻到媒體中。當然這並不是飛行員在近距離看到奇怪飛行物的第一次實例，因為自 1940 年代末和 1950 年代初以來，已經有很多美國和英國飛行員被派往高空調查不明飛行物體的紀錄。不少個案中，飛行員都是近距離目睹天空中奇怪的光球，甚至看起來極怪異的飛行物體。在某些情況下，飛行員甚至向這些神秘的空中入侵者開火。所以眾多不明飛行物體的案例裡，軍方對現象刻意隱瞞，可謂由來已久。故此我們回顧第二次世界大戰，了解當時被稱為 Foo Fighters 火球戰鬥機的故事，其實有助於了解後來的 UAP 事件。

回顧近八十年前發生的事件，對於關心當前美國海軍的目擊個案、UAP 視頻和美國政府官方回應的人來說，似乎是在浪費時間。

但倘若大家將 1944 年 11 月和 2004 年 11 月所發生的事件比較一下，就會發現它們並沒有太大不同。將 P-61 黑寡婦飛行員放到 F/A-18F 超級大黃蜂的前排座位上，飛行員一樣會對展示在他面前的神秘科技感到驚訝。80 年前 P-61 戰機飛行員會意識到「Tic Tac」比他現在駕駛的機器更先進。在這 80 年間，軍用飛機或許已有很大改進，但是神秘的飛行物體仍在周圍出現。Foo Fighters 是神秘的觀察者，它們彷彿在留意美國軍部甚至世界的軍事行為，從 1944 年以來沒有改變過。所以，本書探討 Foo Fighters 的起源和動機，作用近於弄清楚當前 UAP 是怎麼回事。不同個案均表明，德國飛行員在第二次世界大戰期間也遇到了 Foo Fighters，但到現在已很難找到書面報告或甚其他證據，甚至不少攝影「證據」可能是偽做的。或許這些資料正收藏在某個軍事檔案室裡。儘管缺乏照片證據，但根據證人陳述、日誌和大量情報報告，第二次世界大戰期間存在奇怪的光體和不明飛行物體——Foo Fighters 現象某程度已得到證實。

神秘的飛行物體總在軍機周圍出現。

各國飛行員的遭遇和報告都令人信服，但當然它們的真實性、起源和目的均留下了各種解讀和辯論空間。現今媒體資訊發達，不同的社交媒體如 Twitter、Facebook 等，令來自世界各地的不明飛行物個案更迅速和容易進入民眾眼中，但局面依然沒有任何變化。UAP 的身份仍然不明，人們繼續爭論它們究竟是甚麼，真相依然無人知曉。

面對當前一連串的 UAP 事件，有人可能會爭辯說，二戰期間出現的 Foo Fighters 仍然與我們同在。它們或許已經改變了形態，世人對其稱呼也改變了，但它們依舊是難以捉摸的天空不明現象，依然令空中與它對峙了近八十年的軍事人員感到困惑。因此在 2004 年和 2015 年的一系列美軍和 UAP 的交鋒，並不罕見也不是首次案例，因為過往已記錄了許多美國和英國軍事飛行員的神秘遭遇。傳媒的改變，社交媒體的出現，我們更容易獲得不明飛行物的資訊，雖然當前一連串 UAP 目擊事件依然未能充份解釋，但 21 世紀的新個案資訊，可能倒過來幫助我們認清歷史上的謎團，例如 Foo Fighters、Roswell 和 Socorro 等等。

五角大廈神秘飛碟計劃

關加利

2017 年 12 月 16 日，《紐約時報》披露，五角大廈曾經通過「先進航太威脅識別計劃」(Advanced Aerospace Threat Identification Program, AATIP) 秘密資助對不明飛行物的研究。美國政府一直悄悄調查不明飛行物，公眾也終於從傳媒看到美國海軍拍攝的三段視頻，這些視頻顯示了所謂的「不明空中現象」(UAP)，轉眼間，不明飛行物體不再是社會中被邊緣化的飛碟研究者或陰謀論者的狂想，公眾突然發現，過往數十年來主流否定的不明飛行物體現象，原來只是被政府暗地裡隱瞞起來，它們一直在那裡。

隨著事件曝光，對於政府的不明飛行物計劃黑色預算，民眾希望知道更多資訊。民眾興奮之餘，隨之而來的是各種批評、困惑和爭議。打從一開始，政府那 AATIP 中的第二個「A」是代表 Aerospace 或 Aviation，已出現混亂及爭論不斷，結果證明前一個「Aerospace」才是正確的。更混亂的是，爆料訊息中，出現一個完全不同的程序名稱：「先進航太武器系統應用計劃」(Advanced Aerospace Weapon System Applications Program, AAWSAP)。兩年多來，沒有人能夠充分解釋 AAWSAP 和 AATIP 是兩個獨立的計劃，還是兩個不同名稱下的同一個計劃。事情更令人困惑的是，五角大樓發言人「遊花園」刻意誤導民眾，就國防部 (DoD) 在研究不明飛行物時做了什麼或沒做什麼，發表了一系列相互矛盾的聲明。

投入金錢研究

五角大樓最初承認，AATIP 確實在前國防部情報副部長辦公室（OUSDI）高級成員路易斯・埃利桑多（Luis Elizondo）的領導下調查不明飛行物。後來，五角大樓新的 UFO 負責人、高級戰略規劃師兼發言人蘇珊・高夫（Susan Gough）完全改變和否定了原先的官方立場，他告訴《The Black Vault》，「AAWSAP 和 AATIP 都與 UAP 無關」，「路易斯・埃利桑多不是 AATIP 的主管，」並且他在計劃中沒有「分配的職責」。不過對 UFO 忠實信徒們都有一些安慰，國防部一直承認 2017 年視頻中顯示的奇怪物體是無法解釋的 UAP。然而這究竟意味著什麼，有待解釋和辯論。經過數個月，傳媒採訪並發現以前未公開的材料，證明美國政府確實對 UFO 有一定的興趣、亦投入金錢研究。當然政府沒有人高調說出來。

五角大樓當前的 UFO 問題，並非始於國防情報局（DIA）和 AAWSAP，而是始於 1990 年代。暴露問題的人物，是內華達州億萬富翁企業家羅拔・畢格羅（Robert T. Bigelow）。

企業家羅拔畢格羅

羅拔・畢格羅是美國「Budget Suites of America」的擁有者和太空技術公司「Bigelow Aerospace」的創始人，他從不迴避他對不明飛行物的興趣。在 2017 年的一次採訪中，畢格羅告訴哥倫比亞廣播公司的《60 分鐘》節目，他「絕對相信」外星人的存在，當被問及公開宣稱相信不明飛行物和外星人是否有風險時，他熱情地宣稱：「我不在乎！」

從事不明天空現象的研究所

1995 年，他創立航天科技公司的四年前，畢格羅建立了「國家探索科學研究所」(National Institute for Discovery Science, NIDS)。在該公司的網站上，NIDS 將自己描述為「一家從事不明天空現象、動物肢解和其他相關異常現象研究的私人資助的科學研究所」。在 2004 年研究所解散之前，NIDS 對各種超自然主題進行研究，例如神秘的遭遇、牛隻被肢解等，尤其是不明飛行物。該組織最受注目的研究，得提到畢格羅擁有的一個據稱是猶他州專門研究超自然現象的牧場，該地方

前內華達州參議員哈里・里德與畢格羅有聯繫

名為「Skinwalker Ranch」，後來對國防情報局研究 UFO 發揮了重要作用。2018 年前內華達州參議員哈里 · 里德（Harry Reid）接受紐約雜誌採訪時，講述了一個有趣的故事。他說畢格羅收到聯邦國家安全機構高級官員的一封奇怪的信。里德回憶說「我有興趣和你談談，畢格羅先生。我對你一直在做的事情很感興趣。我想去你在猶他州的牧場」。

結果里德便獲得了訪問畢格羅牧場的通行證，與他對話和參觀牧場都設施。

在 2019 年「UFO MegaCon」的一次演講中，KLAS 拉斯維加斯記者佐治 · 克納普（George Knapp）向座談會參與者說這件事發生在 2007 年，他聲稱國防情報局的科學家經常瀏覽被政府輕視的超自然網

記者佐治 克納普說國防情報局科學家經常瀏覽超自然網站

站。佐治採訪過一名研究員 Joe Murgia，得知前 AAWSAP 承包商和天體物理學家 Eric Davis 曾與同事談及國防情報局科學家的經歷：「在前國家探索科學研究所的員工宿舍客廳裡，一個 3D 物體出現在他面前的半空中，像一個拓撲圖一樣發生了變化。它的形狀急速改變。它是立體的，發出多種顏色，然後就消失了。」根據哈里．里德的說法，在 Skinwalker Ranch 發生任何事情，都足以說服國防情報局認真調查超自然和 UFO 現象。里德告訴紐約雜誌說：「應該為此做點東西。有人應該研究它。我確信他是對的」。

接受傳媒採訪時，AATIP 的前分包商哈羅德．帕特霍夫（Harold E. Puthoff）證實了這位科學家的訪問，但不確定它在 AAWSAP 的起源中發揮了多麼重要的作用。「里德所講是正確的，早期有一位國防情報局科學家表示有興趣聽 Skinwalker Ranch 並確實曾訪問過。」帕特霍夫說。「然而，這在多大程度上影響了 AAWSAP 計劃的啟動，或者只是一個次要問題，我不知道。」雖然我們不知道訪問「牧場」對國防情報局的 UFO 研究有多麼重要，但我們知道 AAWSAP 和 AATIP 在資金建立和徵集發佈前將近一年就已經形成。

尼米茲航母羣不明飛行物遭遇事件中，海軍陸戰隊中校道格拉斯．奇克斯．庫爾特（Douglas "Cheeks" Kurth）是關鍵人物之一，從他身上可牽扯出許多謎團。他首先於 2004 年 11 月被指示調查雷達操作員發現的空中接觸事件。奇克斯庫爾特表示他曾在「畢格羅航太高級空間研究中心」（Bigelow Aerospace Advanced Space Studies, LLC）(BAASS LCC) 擔任項目經理，直到 2013 年 6 月。有趣的是，庫爾特於 2007 年 12 月開始為 BAASS 工作，比「畢格羅」於 2008 年 1 月正式成立其 LLC 早一個月，這可能是因為內華達州的記錄顯示 BAASS 在技術上是「畢格羅」擁有的另一家企業「國際空間硬件服務中心」（International Space Hardware Services, ISHS）的子公司。根據內華達州國務卿辦公室的說法，ISHS 於 2007 年 10 月 31 日成立。

黑預算

於 2008 年加入 BAASS 的帕特霍夫說，他知道庫爾特參與了 2004 年的尼米茲航母事件，但他不相信 BAASS 會因此而專門招募庫爾特，「我認為，正是因為他的經驗，他才主動加入 BAASS，」帕特霍夫後來創立「先進概念研究機構」（Earthtech International）。帕特霍夫說，他相信國防情報局於 2007 年曾表示有設立 AAWSAP 的需求，但不確定該組織曾否正式提出。「我認為 2007 年以來的任何事情都可能是非常非正式的——包括任何討論、信件、電子郵。但我不確定。」

無論如何，在 BAASS 開始大約六個月後，在已故參議員 Ted Stevens 和 Daniel Inouye 的支持下，哈里・里德（前任美國參議院少數黨領袖）在 2008 年 7 月的補充撥款法案中為 AATIP 和 AAWSAP 合同設立了資金。「這將是黑預算，我們參議院不會對此進行大辯論」里德告訴傳媒。「它的目的是研究空中現象。錢已經給了，五角大樓也下達了指令，讓他們去競標，而他們照做了。」2008 年 8 月 18 日，國防情報局的承包部門為 AAWSAP 發佈了一份 32 頁的商業項目招標。三週後的 9 月 5 日競標結束時，BAASS 作為唯一競標者獲得了 1000 萬美元的第一年合同。

2008 年 9 月 13 日，「畢格羅航天高級空間研究中心」開始在列出航太和科研相關的 14 個不同學科的研究業務。AAWSAP 文案中沒有任何與 UFO 或 UAP 相關的字眼。相反正如最初在 7 月補充撥款法案中概述的那樣，「主要關注點是突破性技術和應用，這些技術和應用會在當前不斷發展的技術趨勢中造成不連續性。重點不在於對當前航太技術的推論和發展。」在過去的採訪中，里德表示國防情報局及關連人士認為，應避免使用任何與不明飛行物相關的用語，以防人們意識到 AATIP 計劃的潛在重點是 UFO。

根據里德的說法，國防情報局的一位代表告訴他，「我要做的就是為你準備一些東西，任何人都可以查看它，這完全是科學研究。」在過去兩年中，政府和前承包商曾多次使用 AATIP 和 AAWSAP 這兩個術語，幾乎可以互換使用。這導致了 AATIP 和 AAWSAP 明明是兩個獨立的計劃，卻以不同名稱進行的相同活動，因此產生嚴重混淆。五角大樓發言人蘇珊・高夫在一份聲明中告訴長期研究員約翰・格林沃爾德，「AATIP 是整個項目的名稱。AAWSAP 是國防情報局授予的根據 AATIP 製作技術報告的合同名稱。」

與該計劃相關的所有消息來源都證實了蘇珊・高夫的聲明——AAWSAP 是 ATTIP 計劃內的合同組成部分，亦反證高夫另一種觀點是錯誤的，即「AATIP 和 AAWSAP 都與 UAP 無關」。絕大多數證據表明，政府確實在研究不明飛行物，而不是像五角大樓所說的那樣，

「研究外國先進的航太武器系統應用以及未來 40 年的技術預測，並創建一個先進航太技術的專業中心。」

十個月報告

2009 年 7 月，BAASS 在 AAWSAP 合同的第一年結束時，向國防情部局提供了一份綜合報告。這份被稱為《十個月報告》的 494 頁內容充滿了戰略計劃、項目摘要、數據表、圖表、生物場效應描述、物理特徵、檢測方法、理論能力、證人訪談、照片、和案例概要。每一個都完全、明確地關於無法解釋的空中現象。整份報告中，都提到了「贊助商」，但從未明確提及國防情報局。

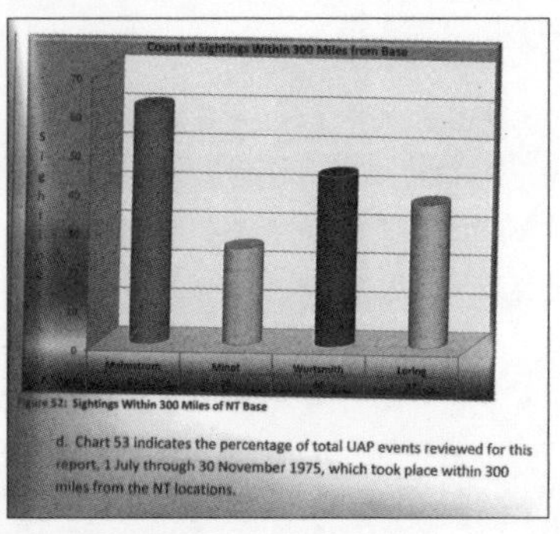

BAASS 在 AAWSAP 合同的第一年選項結束時向國防情報局提供了《十個月報告》

第一頁列出了為 BAASS 工作的每個承包商的名稱，這些承包商具有適當的保安權限，可以登入該程序。表列數十個名字中，有些名字是 UFO 社羣中非常出名和為人熟悉的，包括帕特霍夫、雅克· 法蘭 (Jacques Vallee) 和科姆·凱勒 (Colm Kelleher)。不管人們對 UFO 現象有何看法，當見到《十個月報告》中內容，應該都會覺得震憾。

2009 年 BAASS《十個月報告》的一些值得注意的內容包括：

- BAASS 物理部門在先進航空航天器研究方面所做的工作概述，包括開發與 UAP 相關的物理效應和特徵測量的標準化。
- BAASS 研究概述，用於測量和收集 UAP 對生物有機體的影響。
- 提到猶他州的 Skinwalker Ranch 作為「研究其他智能和可能的跨維度現象的實驗室」。

猶他州的 Skinwalker Ranch 作為「研究其他智能和可能的跨維度現象的可能實驗室」。

- 戰略計劃：組織一系列針對廣泛受眾的知識辯論論壇，這些論壇與「可能披露外星人存在」有關。

- 計劃創建「醫學生理 UAP 效果計劃」。
- 請求尚未公開的 Project Blue Book文件。
- 提到了「北方層計劃」，該計劃涉及保護一些文件，內容與數十個不明飛行物飛越裝有核武器設施的受限空域有關。
- Mutual UFO 網絡（MUFON）及其 STAR 小組（由 BAASS 於 2009 年 3 月資助的快速反應現場調查員）向 BAASS 報告了可能是 UAP 著陸的個案。
- 通過各種合作夥伴編制的 UAP 相關材料的數據庫，以及通過與外國政府協調來擴展這些數據庫的意圖。
- 美國境內外多次 UAP 事件的總結。
- 包括外國政府在內的各種來源提供的 UAP 照片。

BAASS 報告從頭到尾都引用了政府的 UFO 新流行語：UAP。但在這份報告任何地方都找不到對外國先進航太武器系統，或基於當前科技趨勢而評估技術創新的任何參考資料。換言之，報告並非研究人類已知科技。

消息人士告訴《大眾力學》，這份《十個月報告》只是 BAASS 向國防情報局所提供資料的一個樣本。「除了年度計劃更新外，每月向五角大樓發送的報告都與 UAP 或異常現象有關。」一位前 BAASS 承包商說。

超自然事件報告傳予五角大樓

2010 年至 2018 年期間擔任 BAASS（後來的 Bigelow Aerospace）安

全官和調查員的基斯・巴特爾(Chris Bartel)證實了上述說法。他說他在 Skinwalker Ranch 牧場工作時確實遇到一些相當戲劇性的超自然事件,他還聽說 BAASS 對研究超自然活動很感興趣,希望它能帶來技術突破。然而巴特爾離開 BAASS 後,說他才知道有關 AAWSAP 或 AATIP 的信息。「至少可以說,我有點退縮了」他說。儘管不知道與國防情報局有任何正式合同,但巴特爾證實,有關牧場超自然事件的報告會定期傳真給「畢格羅」和五角大樓。

一些人認為與 Skinwalker Ranch 牧場或 AAWSAP 相關的「超自然」事件,可能與秘密和高度先進的武器測試有關。雖然巴特爾說不排除正在測試武器,但他在該組織任職期間沒有看到任何證據表明 BAASS 參與了武器測試…「我確信畢格羅先生會支持這一說法」。

BAASS 報告引出了一個問題:為甚麼政府堅持從未研究過不明飛行物,為甚麼不基於信息自由法(FOIA)的要求討論或提供這些文件?參與 AATIP 計劃的人員表示,當前的混亂和不確定性是政府所導致的,涉及令人眼花繚亂的「空殼遊戲」(按:遊戲術語,借喻為過程中沒有辦法獲得某些重要內容),這與黑預算情報計劃的運作方式完全一致。一位前 AATIP 承包商告訴媒體:「你要處理的是政府機密的核心,他們絕對不想討論那些事情是如何被隱藏起來的」。

消息人士稱,要了解為什麼 AATIP 否認 UFO 研究,關鍵來自《十個月報告》的每一頁都印有一句話:「這些信息是專有的,未經 BAASS 運營經理事先書面同意,不得傳播或使用。」根據幾位前

AATIP 承包商的說法，為國防情報局製作的「產品」是關於潛在的「改變遊戲規則」的航太技術的報告，而這種突破可能出現的領域，就是通過對不明飛行物的研究。作為交換條件，國防情報局不僅可以獲得商界研究的特定技術報告，還可以獲得 BAASS 正在收集的關於 UFO 的廣泛研究。雖然國防情報局可以接觸大量 UFO 數據，但這些材料實際上是 BAASS 的商業財產，屬於 Bigelow Aerospace 的子公司。

通過外判職能減低透明度

政府監督項目的調查員尼爾戈登（Neil Gordon）說，使用宇航研究項目作為秘密不明飛行物計劃的掩護，這種做法似乎不道德。「但這一切聽起來都很熟悉，因為這都是政府慣常的做法。」「你要處理的是政府保密的核心，以及他們絕對不想討論的事情是如何被隱藏起來的。」戈登的專業領域是調查和監督聯邦承包商不當行為、承包商問責制和政府私有化，他說通過 AATIP 運行「商業保密」計劃與國防部處理其他保密計劃的方式是一致的。「它是否正確是另一回事」，戈登說：「但對於黑預算計劃的運行方式來說，一切聽起來都很普遍。」

國防情報局可能已經廣泛查覆了 UFO 材料，但由於所有數據在技術上均屬於 BAASS，根據 1996 年的《經濟間諜法》，披露或發佈提供給政府的專有秘密材料是聯邦罪行。本質上，國防情報局的 UFO 計劃旨在規避 FOIA 的要求，避免公開討論 UFO。「不幸的是政府試圖通過外判承包制度來逃避自己責任，FOIA 並不是什麼新鮮事。」專門處理 FOIA 和第一修正案案件的律師喬什・伯迪告訴傳媒。「聯邦和州政府的 FOIA 法規都力求消除這種明顯的漏洞——通過外包來避免披露義務和透明度——但他們是否成功做到是完全不同的故事。」

天體物理學家和前 AAWSAP 承包商艾力・戴維斯（Eric Davis）說，他在 AATIP 項目上的工作與他在過去 30 多年中從事的所有技術情報項目完全一致。戴維斯說「無錯！科學被應用了，但現在沒有足夠關於 UAP 的數據來使其成為一項科學工作。這是一個智力問題，而不是一項科學成就。」

BAASS 前副主任科爾姆・凱萊赫（Colm Kelleher）就此事發表評論時說：「我無法討論這個話題。」有人要求 Bigelow Aerospace 回應均未得到答覆。國防情報局與合作夥伴的整個運作方式引發了一個重要問題：五角大樓最近否認 AATIP 或 AAWSAP 進行 UFO 研究，是否因為當前國防部以商業秘密來隱藏目的，這種做法太天真？這似乎是一個合理的推論……如果不是因為傳媒揭發其他證據，五角大廈相信一直會否認和隱瞞整件事。

2020 年美國科學家聯合會的史蒂文・阿弗古（Steven Aftergood）通過「信息自由法」要求公開 2018 年 1 月的一封信，該信由國防情報局國會關係部發送給國會議員。在信中，國防情報局提供了「一份根據 AATIP 合同生產的所有產品的清單」，參考列表包括 38 篇技術論文，稱為「國防情報參考文件」（DIRD），涵蓋了一系列先進和理論性的航太項目。

與 UFO 接觸後可能發生的傷害

讓我們看看其中一份已公開文件的內容。雖然國防情報局將該論文稱為「對生物組織的場效應」(Field Effects on Biological Tissue)，但提交論文的原始標題實際上是「對人體皮膚和神經組織的臨床醫學急性和亞急性場效應」。據介紹，該論文是對「由於意外暴露於異常系統而導致的近場、NIEMR 微波、熱損傷、已知和預期的臨床醫學體徵和症狀，以及損傷的生物物理學」的檢查。鑑於臨床語言繁瑣，粗略地看，整個重點是檢查與 UFO 或 UAP 接觸後可能發生的傷害。事實上，「UFO」一詞在報告中出現了 16 次；「異常」一詞被使用了 27 次 (最常見是緊隨其後的「飛機」、「航空」或「航太」等詞)；並且「先進航太系統應用程序」這一短語被用粗體字四次提及。

研究該項目的科學家克里斯多福・格林 (Christopher Green) 是一名法醫臨床醫生和神經科學家。格林驚訝地發現他的研究論文已經為公眾所知，因為他印像中論文從未包含在分佈式集合中，最終也沒有經過同行評審。「(他們引用) 側重於法醫評估那些聲稱與 UAP 遭遇而造成的傷害」，格林說。「我沒有為 BAASS 工作，只是作為我論文的承包商，而且我不是 AAWSAP 的一員。然而，我的理解是，這個項目是一項 UFO 研究，只是從表面上看不出與 UFO 有任何關係。」格林警告說，過去外間對他的論文的一些猜測是不準確的，包括稱論文是為了理解或逆向工程 UAP 的技術。格林強調，雖然他的工作重點是與未知或身份不明的空中物體相遇，但他評估的所有傷害，都可以通過已知的人為手段來解釋，並沒有提供任何外星或非人類技術的證據。

而 BAASS 為 AATIP 製作的 38 份技術報告，能否代表它確定UAP的影響？答案是有的！「鑑於先進等離子推進和隱形斗篷的論文，可能適用於我們自己的尖端宇航開發，也可能與 UAP 有關，因此許多主題可以稱月『雙重用途』。」帕特霍夫説。但他的「時空度量工程」論文、「曲速驅動和蟲洞」論文，特別是《Statistical Drake Equation》論文，基本上只適用於 UAP 領域。

UAP 是真實的

與帕特霍夫作並撰寫了四篇 DIRD 的戴維斯提供了關於國防情報局的 38 篇參考論文中特別有趣的細節。戴維斯説：「這並不關注 UAP 是否真實。通過大量證據已經確定 UAP 是真實的。有些是機密的，有些是專有的，我無法談論。」他還説：「AAWSAP 合同的 38 篇技術論文不是調查 UAP 是否真實，而是一項情報評估，用於衡量 UAP 與當前和預計的科學理解相比有多遠。」「我、帕特霍夫和一位能夠獲得材料的航太高管為國防情報局進行了評估。」戴維斯説。最終除了大量的 BAASS 專有證據之外，國防情報局告訴國會，法醫格林的研究屬於 AATIP 的產物，它「很樂意應要求直接提供」，似乎完全反駁了五角大樓最近關於 AATIP 或 AAWSAP 與不明飛行物有關的論調。

在五角大樓發言人蘇珊・高夫和瑞典研究人員 Roger Glassal 之

間的電子郵件交流中（這些電子郵件由分析師 Keith Basterfield 發表），高夫表示，AAWSAP 於 2008 財年度開始，指定的資金為 1000 萬美元，招標書直到 2008 年 8 月才發出。後來人們知道高夫錯了，該計劃實際上是在 2009 財政年度開始的，即 2008 年 10 月 1 日。同一組電子郵件裡，高夫表示，前 26 份技術報告已於 2009 年底完成，2010 財年國防撥款法案指定額外 1200 萬美元用於另外 12 份報告。

來自蘇珊·高夫的電郵稱：「在 2009 年底對 OSD / DIA 進行審查後，確定這些報告對國防情報局的價值有限，並建議在合同完成後，該項目可以移交給更適合監督它的機構或部門。國防情報局 項目的資金於 2012 年結束，在 2010 財年 NDAA 下的合同工作完成後，國防部選擇不再繼續該項目。」事實上很多知情者都同意 BAASS 和 AAWSAP 之間的合作夥伴關係已於 2012 年結束。但這正是事情變得混亂的地方：高夫說，當國防情報局資金在 2012 年枯竭時，大體上 AATIP 計劃也中止了。然而，每一位消息人士都表示，AATIP 不僅沒有在 2012 年結束，而且該計劃至今仍在進行中！關於美國政府是否在 2012 年之後仍與 AATIP 有利益關係，爭論的核心圍繞一個人，他是國防部說對 AAWSAP 或 AATIP「沒有責任」的人：前五角大樓高級情報主管路易斯·埃利桑多（Luis Elizondo）。

路易斯·埃利桑多到底是誰？他究竟是一個愛國的告密者，因為他透露美國公眾必須知道的事情而將不顧個人聲譽？還是像五角大樓暗示的那樣，他利用以前的職位為自己謀利？不如在這裏簡單看看他的故事，我們再分析吧！

1990 年代後期，埃利桑多在美國陸軍擔任反間諜特工一段時間後，將被招募到神秘的美國情報界行列。他的第一站是在拉丁美洲開展反叛亂和禁毒行動。埃利桑多憶述：「我們處理了很多事情，比如政變、黑市恐怖主義、暴力販毒集團等等」。在 2001 年 9 月 11 日的恐襲之後，埃利桑多隨後被派往東亞，在那裡他擔任了一個小型情報部門的顧問，在他任職於海軍陸戰隊遠征部隊（Marine Expeditionary Unit, MEU）第 58 特遣部隊 TF-58 期間，上級指揮為詹姆斯・馬蒂斯將軍（James Mattis）。在東亞的反恐戰爭中，埃利桑多參與不少行動。海軍戰爭學院於 2016 年發表的一份案例研究中，達米安・斯普納中校將馬蒂斯將軍領導下的情報部門形容為推動 TF-58 計劃「不可或缺」的部隊。後來埃利桑多——這位古巴流亡者的兒子——發現自己需要在古巴關塔那摩灣與臭名昭著的「七號營」及世界上一些最危險的恐怖分子打交道。七號營（Camp Seven）僅用於收容 14 名「高價值被拘留者」。

路易斯・埃利桑多

特殊項目的招聘

2008 年，初任國防部情報部副部長的詹姆斯・克拉珀（James Clapper）要求埃利桑多到五角大廈協調國防部長辦公室與關係夥伴的信息共享工作。對埃利桑多來說，每日通勤時間減半的承諾是最大的吸引力之一，但他決定為五角大廈工作，最終讓他接受國防情報局一個特殊項目的招聘：AAWSAP。儘管 BAASS 的《十個月報告》包含大量 UAP 信息，但文本中沒有任何包含美國政府提供的數據。相反 BAASS 提出了許多請求，包括要求有權限接觸國防部和其他美國機構持有的特定 UAP 信息。消息人士稱，這是埃利桑多如何進入該領域的關鍵。埃利桑多在多個訪問曾說他從不想成為AATIP的一員。不過作為具反情報背景的 OUSDI 高級官員，他終於被招募到正在進行的 UFO 工作中。

2008 年，有兩個人來到埃利桑多的辦公室說「你被強烈推薦，因為是具有先進航太電子設備背景的前高級情報人員。」他曾與雷神公司（Raytheon）、波音公司和其他一些公司合作。他被告知 AATIP 需要一名反情報和安全人員來執行一項非常特殊的計劃。一個月內經過一連串會面和會議，埃利桑多終於見到了當時的 AATIP 主管，後者問了他一個當時看起來很奇怪的問題：「你對不明飛行物有什麼看法？」埃利桑多當然是一頭霧水。「我當時想，'這到底是什麼？我以為這是一個測試或什麼的。所以我說實話：我沒有。我不思考不明飛行物。我不知道它們是不是真的。我不想它們。我正忙於抓捕恐怖分子和壞人。」埃利桑多的答覆顯然正是那主管最想聽到的答案。很快埃利桑多就加入了 AATIP。

他說：「說真的，有一段時間，我仍然不知道這是否是一個測試。」「直到我開始檢查項目的安全狀況，我才突然意識到這些東西真的是無法識別的。」他上任後不久，2009 年 6 月，參議員哈里・里德向當時的國防部副部長威廉・J・林恩三世（William Lynn III）提交了一封信，要求授予 AATIP 不受限制的身份。儘管最終被拒絕，但如果里德的請求得到批准，相信這部門將進一步加強內部的訊息安全和保密訊息。

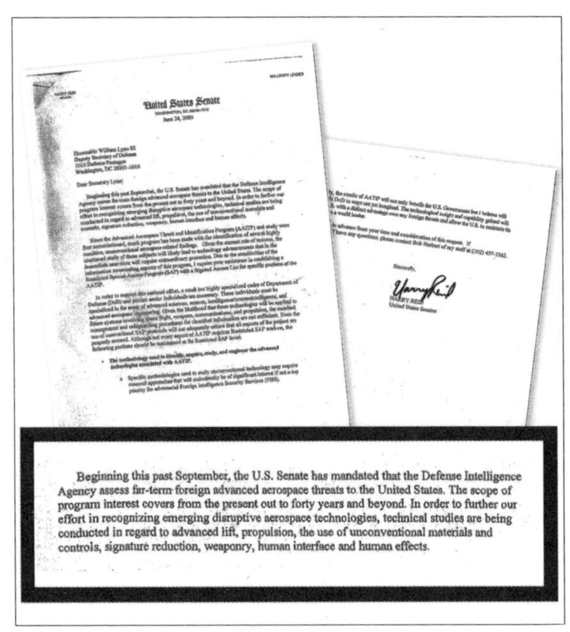

Beginning this past September, the U.S. Senate has mandated that the Defense Intelligence Agency assess far-term foreign advanced aerospace threats to the United States. The scope of program interest covers from the present out to forty years and beyond. In order to further our effort in recognizing emerging disruptive aerospace technologies, technical studies are being conducted in regard to advanced lift, propulsion, the use of unconventional materials and controls, signature reduction, weaponry, human interface and human effects.

2009 年 6 月參議員哈里・里德向當時的國防部副部長威廉・J・林恩三世提交了一封信，要求授予 AATIP 不受限制 的身份。

記者佐治・克納普（George Knapp）發佈了里德的信件，信中顯示埃利桑多的名字出現在 AATIP 的「初步政府人員」名單上。除了埃利桑多、里德和已故參議員 Daniel Inouye 之外，其他七名政府僱員（尚未公佈）也在擬議名單中。值得注意的是，只有三名「承包商人員」入選。據了解這封信的消息人士稱，里德想要的三名承包商人員是畢格羅、凱萊赫（Kelleher）和帕特霍夫。帕特霍夫其後證實是名單上三個獲批的承包商之一。五角大廈後來都證實克納普發表的這封信是真實的。

Puthoff 其後證實他是名單上三個獲批的承包商之一

根據多個消息來源，包括在五角大廈工作的揭密人，以及埃利桑多的證實，在 2010 年當國防情報局切斷 AATIP 合同的資金時，國防情報局項目經理詢問埃利桑多是否會讓 UFO 項目繼續運行。埃利桑多說：「我不是國防情報局的員工」，「所以我必須在五角大廈跟着國防部情報副部長辦公室（OUSDI）的模式來工作。我們都同意這是最好的做法，所以我們就這麼做了。」埃利桑多的說法表明 OUSDI 一直都主導着 AATIP。

國防部內循環

一位不願公開姓名的前高特種作戰和情報官員說：「百分之九十的人不了解一般政府的運作方式，更不了解情報界」，「因為這項目現在已經隱藏到背後，所以你的傢伙（埃利桑多）是有能力召集來自情報界各個領域的人。最有可能是非主流的情報部門，但在其他情報部門中，是有適合特定任務的人員。埃利桑多可以讓國防情報局、海軍情報辦公室（Office of Naval Intelligence, ONI）和特別調查辦公室（Office of Special Investigations, OSI）的人員單獨工作，但同時執行相同的任務。」埃利桑多說，當他接管 AATIP 時，他就像傳統的政府工作一樣管理它。「我們將承包商的數量大大減少至我們需要的數目，但這將是在政府系統中查看政府數據。」根據埃利桑多的說法，與大多數 BAASS 人員不同，2012 年後的 AATIP 工作人員確實可以閱覽高度機密的政府信息，以充分評估情況。雖然五角大樓否認 AATIP 在 2012 年之後繼續存在，但埃利桑多表示，「後 BAASS」的 AATIP 並非未經批准，甚至不僅只是一群政府內的 UFO 愛好者。「五角大廈裡很少有人知道我們在做什麼，因它設在國防部情報副部長辦公室（OUSDI）的旗下，外人根本無可能知道 AATIP 的存在。」大家須知道，美國國防部部長辦公室（OSD）是最希望看到 AATIP 繼續存在的主要支持者之一，消息人士稱這就是為什麼海軍今天在 UAP 問題上如此願意公開和透明來面向傳媒，向大眾講述不同的目擊事件。

埃利桑多的批評者一再提出一個重要問題：如果 AATIP 是如此秘密的計劃，為什麼 埃利桑多現在才公開談論它？美國政府在 2009 年否認 AATIP 特殊訪問程序 SAP，並且從未正式將計劃置於官方分類之下，但隨著計劃曝光，現到美國政府實際上默認及允許討論，當然更深入和未公開的資料依然不會向公眾發表。有很多資料官員依然不能談論，比如來源、分析結果和各種科技技術等。埃利桑多所說是正確的。他向傳媒解釋說：「我從來沒有違反過程序，也不願意違反我的保密誓言，所以我討論過的任何事情都確實是非機密的。」

從已知訊息得知埃利桑多的員工績效評估之一，列出了主要「任務目標」，即為國防部長管理和管理國家級（SAP）的信息、訪問控制和安全性。埃利桑多證實，他的職位讓他能夠接觸到由美國運營的最隱秘項目。

2017 年 10 月，埃利桑多從國防部辭職，加入了前 Blink-182 主唱湯・德隆格（Tom DeLonge）的 UFO 研究組織「星辰學院」（To the Stars Academy of Arts & Science），該組織旋即向全世界發佈海軍的「Flir1」視頻。埃利桑多現在擔任私營公司的全球安全和特殊項目總監。埃利桑多為何離開政府工作？因為他意識到五角大廈的高層永遠不會以應有的重視對待 UAP。五角大廈的一名高級官員說，他們知道埃里桑多在 2017 年春天向當時的國防部長詹姆士・馬蒂斯（Jim Mattis）介紹了一名白宮情報助理和兩名高級助理，希望將他們引入計劃中。這位沒有被授權在記錄中發言的官員說，「白宮助手」對不明飛行物的真實前景感到不安。據他們所知「白宮助手」並沒有傳遞訊息予上級。與此同時，馬蒂斯的助手承認不明飛行物是一個真正的問題，但他們擔心如果國防部長已經聽取了有關它們的簡報，會有政治上的疑慮。埃利桑多確認這些說話的準確性，其後補充說：「我只是在多次向國防部長簡報失敗後才辭職。」雖然五角大樓在 2012 年之後否認了 AATIP 的存在，並且說埃利桑多從未參與調查 UFO / UAP，但從已揭露的文件看，AATIP 在 BAASS 及

AAWSAP 合同結束後依然活躍，埃利桑多仍然繼續運行這個擴展後的 AATIP，繼續檢查不明飛行物的數據，直至他離職。

利桑多從國防部辭職，加入了前 Blink-182 主唱 Tom DeLonge 的 UFO 研究組織 To the Stars Academy of Arts & Science

2019 年 6 月，參議院情報委員會辦公室副主席、參議員馬克・華納（Mark Warner）辦公室證實，已經舉行了關於 UAP 的閉門會議。及至最近，2020 年 12 月，當記者戴蒙德・斯蒂爾（Daymond Steer）詢問海軍的 UAP 遭遇時，參議院情報特別委員會現任成員邁克爾・班納（Michael Bennet）謹慎地，說他不會分享任何在情報委員會所知的訊息。不過班納亦說：「我們的人看到了一些身份不明的東西。他們不知道它是什麼，我不知道它是什麼……我們正在嘗試更多地了解它。空軍正試圖更多地了解它。」

國防部特別訪問計劃中心辦公室主任理查德斯塔普準將 Brigadier General Richard Stapp 作證稱，軍方遇到的神秘物體與美國的秘密技術無關。

2019 年 10 月，參議院情報特別委員會和參議院軍事委員會的工作人員聽取了有關當前 UAP 問題的簡報。據知悉簡報內容的人士稱，一些前 BAASS 承包商和現任 AATIP 領導層出席了會議。內部人士還表示，在參議院情報委員會的一次閉門會議上，國防部特別訪問計劃中心辦公室主任理查德·斯塔普准將（Brigadier General Richard Stapp）作證稱，軍方遇到的神秘物體與美國的秘密技術無關。

從邊緣領域到嚴肅科學

雖然現在已有美國政府 / 五角大廈對不明飛行物感興趣的證據，但是還不能改變許多人的想法，他們只是各種不明現象的科技感到興趣，但對於現象背後究竟是否外星人／不知名物種依舊抱住否定的態度，他們只希望可以獲取這些科技，繼續世界強者的地位。

與此同時，內華達大學拉斯維加斯分校的工程教授威廉·庫布雷思（William Culbreth）提出了不同的意見，他撰寫過 AAWSAP 中提供的 38 篇技術論文中的兩篇。他說他不知道 AAWSAP 的 UFO 背景，但非常肯定 BAASS 對 UFO 感興趣。庫布雷恩解釋他參與撰寫論文的原因：「那段時間我有一些研究生在 BAASS 工作，我知道畢格羅對這話題很感興趣，但是當他們讓我寫論文時，沒有人提到 UFO」。無論潛在動機如何，庫布雷思說他撰寫兩篇論文「高超音速載具的檢測和高分辨率跟踪」和「中子聚變推進II」導致他對核推進新方法的研究技術有所啟發。「我們今天正在研究這些推進技術，僅這一領域就令到我的幾個學生攻讀博士學位，我認為若非如此他們不會獲得博士學位」。BAASS 一直收集大量數據，以及幾乎可以肯定 AATIP 收集了更多不為人知的訊息，令人產生極大的疑問，究竟 UAP 的資料是否受到嚴密保護？我們不相信它是真實的，還是我們害怕我們不能理解它？

《逃離兔子洞：如何使用事實、邏輯和尊重來揭穿陰謀論 Escaping the Rabbit Hole: How to Debunk Conspiracy Theories Using Facts, Logic, and Respect》

《逃離兔子洞：如何使用事實、邏輯和尊重來揭穿陰謀論》（Escaping the Rabbit Hole: How to Debunk Conspiracy Theories Using Facts, Logic, and Respect）一書的作者米克・韋斯特（Mick West）認為，AATIP 的嚴謹實證研究經公開和證實真確後，可能會改變整個 UFO 生態。「如果有一些很好的證據證明科學有新的東西，那就太棒了。不過到目前為止還沒有。」雖然他因試圖揭穿不明飛行物而身心焦慮，但韋斯特表示如果能夠遇到真正無法解釋和未知的事情，他會和其他人一樣激動。「我理解人們充滿熱情，尤其是經驗豐富的人。」

飛碟學的出現，就是從邊緣領域踏入嚴肅科學。那麼，是否因為政府發現了它無法理解的東西，所以選擇完全迴避面對？《珍氏防務周刊》（Jane's Defense Weekly）的前航空編輯、《網格》（The Grid）的作者尼克・庫克（Nick Cook）告訴《大眾力學》，這種想法讓他想起了他與洛克希德臭鼬工廠前董事、「隱形之父」（Father of Stealth）本・里奇（Ben Rich）的一次談話。庫克說當隱身飛機的能力被發現時，里奇對於他關於下一步該做什麼就存在相當大的爭論。「你是把一大筆錢投入到開發某件事上，但因為你不了解它而最終沒有成功；還是你把整個想法提出來，直到你擁有更強的科技，但這得冒著別人先搞清楚的風險？」美軍最終做出大膽的決定，憑藉隱形技術，研製出世界上第一架隱身飛機 F-117 夜鷹。「我想這取決於你認為存在多大的知識差距，以及失敗的風險有多高。」庫克說，「我能不能看看怎麼會出現一些事情，然後決定把一些東西藏起來，就像《奪寶奇兵》的最後一幕？」

深層揭開軍方隱藏事件

關加利

從上篇文章我們得知，從 2007 年以來，美國政府所隱藏的研究飛碟計劃如何曝光！這篇文章我們就從另一面看看整件事，究竟民間如何一層一層揭開政府的黑幕。

我們從一個神秘的會議開始吧！這會議於 1995 年在拉斯維加斯機場附近一座辦公大樓的會議室展開。出席者包括：少數科學家和工程師、一個中央情報局特工、一名前陸軍上校和兩名阿波羅太空人。還有親自挑選這群人並邀請他們去拉斯維加斯的會議主持人：內華達州房地產大亨羅拔· 畢格羅。他開會的原因很簡單，想談談外星人。畢格羅當時剛滿 50 歲，作為一名開發商賺了足夠的錢，他終於可以鑽研沉迷了多年的不明飛行物。大約三歲的時候祖父母就告訴他，二人曾親身目擊飛碟經過，自此之後他成長在科幻和科技世界中。畢格羅創立一個團體，稱為「國家探索科學研究所」，這名稱真是有點誇張，很像科幻小說裡擁有高科技保護地球的組織。

內華達州房地產大亨羅拔· 畢格羅

不明飛行物和死後的意識

國家探索科學研究所（National Institute for Discovery Science, NIDS）正是在拉斯維加斯的那會議中創建，主要研究兩個主題：不明飛行物和死後的意識。它的成員都是業內專家，不過因他們的研究和言論，一直受到同行的冷嘲熱諷。該組織的聯合創始人是約翰·亞歷山大，他是一名退休陸軍軍官，曾在新墨西哥州的洛斯阿拉莫斯國家實驗室工作，並發表過有關不明飛行物學和超自然現象等各方面的書籍和文章。

另一個是哈羅德·帕特霍夫，一位工程師，自稱是超心理學家，他在 1970 年代和 1980 年代在斯坦福研究所工作時，曾為中央情報局和國防情報局進行過「遠程觀察」及使用人類的絕密實驗——心靈感知遠處的物體或事件。在斯坦福大學裡，很多人都認為這位教授完全是胡說八道。該組織還吸引了前宇航員艾德加·米切爾（Edgar Mitchell）和哈里遜·舒密特（Harrison Schmitt），舒密特十年前還擔任過美國新墨西哥州參議員。對他們來說，他們不大擔心公開談論政府是否捕獲了外星人或回收了墜毀飛行器，會否影響聲譽。相反他們認為揭露飛碟真相就是他們存在的意義。

不過，有一個人確實因為參加這次會議而失去工作，這人就是哈里·里德，他正在擔任第二個的美國內華達州參議員。里德是經由內華達州著名電視記者佐治納普（George Knapp）介紹認識畢格羅的，他多年來就不明飛行物主題撰寫了大量文章。納普從報導里德的職業生涯中知道，這位參議員對 UFO 話題很感興趣。里德接受了畢格羅的邀請，但向納普明確表示他的參與必須保密。里德告訴傳媒說：「這位名叫畢格羅的人正在他的會議室舉辦一個活動，並一直在邀請一群人談論不明飛行物體。」當里德參加會議後，他覺得有一些人的想法頗奇怪，很不科學。不過聽了一些演講後。他就開始參與畢格羅的工作。里德與該組織的人士結為友好的決定，在政治生涯上是絕對魯莽。當時 55 歲的里德渴望領導民主黨。里德有很多朋友說：「你會讓自己陷入困境，遠離那個地獄，這會毀了你的職業生涯。」

Luis Elizondo, Jim Semivan, Stephen Justice, Hal Puthoff, and Christopher Mellon進行會議

接下來的幾年裡，里德參加了多次這樣的會議。當畢格羅和其他人發表期刊文章，又編製 UFO 目擊數據庫時，該組織中最有影響力的成員悄悄地與華盛頓的一些官員提及這話題，其中包括前太空人兼參議員約翰· 格倫。里德最終獲得了包括阿拉斯加的泰德史蒂文斯和夏威夷的丹尼爾井上在內的少數強大委員會成員支持，以資助國防部內部的 UFO 研究。《紐約時報》於 2017 年 12 月中旬公開披露 AATIP 計劃的存在。該計劃的主要受益者之一是羅伯特 · 畢格羅擁有的一家航太公司。

哈里・里德 Harry Reid

2021 年應共和黨參議員馬可・盧比奧的要求，國家情報局局長計劃發佈一份報告，該報告收集政府各部門關於「不明空中現象」的所有相關材料。不管報告最終有何內容，無論是大揭露還是令人失望的廢話，僅僅這事件就已經引發了一波政府研究不明飛行物的主流報導，從《紐約客》到《60分鐘時事雜誌》。關乎國家安全問題，一個令人眼花繚亂且極具爭議的話題，公眾關注程度達到令人驚訝的地步。

軍隊中人不敢提起的事

當里德的秘密角色被揭露時，他已經退休，不再擔任任何政府公職。里德現在願意公開談論這話題，說明政治和聲譽風險的計算發生了深刻變化。里德研究不明物體的信念，不感是他職業生涯的污點，反而突顯其高瞻遠矚的視野。他對畢格羅從政府計劃中受益的事情並不後悔。「我認為我已經打開了人們不怕談論它的大門」，里德現在說：「我知道，當我第一次參與這件事時，軍隊裡的人不敢提起這件事，怕影響他們的晉升。但現在五角大樓告訴他們，他們應該報告所有看到的不尋常事情。所以我們取得了巨大的進步。」

五角大樓「不明飛行物辦公室」的存在公開後僅僅三年，聯邦政府對這個以往被嘲笑為荒謬的禁忌話題已經越來越不拘小節。YouTube 現在充斥著來自軍事飛行員的駕駛艙視頻，其中一些已得到五角大樓的驗證，這些影像所示，當事人與奇怪飛行物體相遇，那些物體似乎違反已知空氣動力學定律。就以 2020 年公佈的一段視頻為例，奧馬哈號航空母艦於 2019 年在加利福尼亞海岸拍攝所得，一架經雷達識別的球形飛行物在水面上空盤旋，然後消失在海浪下。甚至巴拉克奧巴馬後來也說出了「我們無法解釋」的言論。

從里德第一次參加畢格羅的出 NIDS 會議到政府發佈秘密檔案，這段 25 年的傳奇故事說明以往被邊緣化的想法如何進入主流。2021 年夏天向國會進行機密簡報後，包括海軍飛行員直接作證，五角大樓宣佈將成立不明空中現象工作組，「以提高對 UAP 的性質和起源的理解和洞察力。」最近的一次公開論壇上，海軍高級官員表示，軍方現在有一個「完善的流程……收集數據並將其送到單獨的存儲庫進行分析。」五角大樓內部宣佈，它正在啟動內部評估，「以確定國防部針對不明空中現象採取行動的程度」。

隨着美國政府對不明飛行物體的態度改變，私人機構面對這曾經足以影響商譽的致命話題都有微妙變化。「如果我們中間存在看不見的外星人，已經在這裡但人眼看不到怎麼辦？」這是諾斯羅普·格魯曼公司最近發表的一篇博文，它是五角大樓最大的承包商之一，也是企業正統的橋頭堡。「外星人存在嗎？」，「科學家們想知道外星生命是否曾造訪過地球。」這聽起來像是《歷史頻道》或《國家地理雜誌》紀錄片的題目，現在成為美國最尖端的科學家探討和研究的題目，甚至在美國最精英的大學中都已有不少資金投入這類工作中。

麻省理工學院研究員 Lex Fridman，他經常在其熱門播客中深入研究 UFO 現象。哈佛天文學家阿維勒布說，他相信外星人已經來過地球。即使是美國歷史最悠久的雜誌《科學美國人》(Scientific American)，也在最近一篇關於UFO的封面故事中問道：「作為科學家，我們不應該選擇調查和遏制圍繞它們的猜測嗎？」然後它的答案是：「跨學科的科學家團隊應該研究它們。」

而美國國會的心態轉變是最重要的，因為它能夠以法律授權和納稅人的錢來支持其公開討論。外界普遍預計盧比奧將在 2024 年競選總統，他表達出對 UAP 現象與國家安全威脅的關注。盧比奧說：「也許 UAP 須有一個合乎邏輯的解釋」，「人們想知道，我想知道它是什麼……有東西飛過我們的軍事設施頂部。軍部不知道是誰在飛，甚至不知道那是什麼。所以這是個問題。我們需要找出答案。」迄今為止，不明飛行物已經進入政治血液，最明顯跡象要算是國會成立了第一個政治行動委員會，該委員會致力於「教育美國公眾，並在財政上支持那些主張全面披露有關不明飛行物信息的政治家。」

與UAP有關的人物網絡

我們現在嘗試講述這故事是如何發生的，從一個不可能串連一起的人物網絡開始。這些人物從最初的核心成員發展到囊括關鍵的政府內部人士、記者、銀行王朝的繼承人、前恐怖分子審訊者，甚至是加州搖滾音樂明星，多年來他們以各種組合互動，再以某種方式結合起來，形成了媒體報導和政府行動相輔相成的循環。對於他們所取得的成就，沒有人比他們更驚訝。

如果羅拔・畢格羅和哈里・里德是現代飛碟學的背後支持者，湯・德隆格（Tom DeLonge）就是它的領頭人。現年46歲的德隆格是流行朋克樂隊「Blink-182」的創始成員，早在創立Blink-182之前，德隆格就一直是外星人、不明飛行物和陰謀論的信徒。前樂隊成員Travis Barker在2019年的一次採訪中表示，德隆格對各種陰謀論非常熱愛，會在巡迴演唱會的旅遊巴士車窗外尋找不明飛行物，甚至會創建搜索小組來尋找大腳怪。

於1999年Blink-182的第三張錄音室專輯《Enema of the State》以單曲〈Aliens Exist〉為開始。「我知道中央情報局會說／你聽到的都是道聽途說／我希望有人能告訴我什麼是正確的」德隆格用開心樂觀的朋克曲調唱道。這首歌的最後一行引用了一個名為「Majestic-12」的民間傳說。Blink-182 此後又發佈了其他以太空為主題的歌曲，例如〈The Flight of Apollo〉和〈Valkyrie Missile〉。

湯・德隆格是外星人、不明飛行物和陰謀論的信徒

2000 年代初，德隆格對政府和軍隊隱藏的不明飛行物信息，興趣越來越濃烈，不惜投入更多時間和精力尋找飛碟證據。在 2001 年某訪問中，德隆格與一位身份不明的採訪者交談，他提到了東海岸的一位朋友，那人花了數年時間與目睹 UFO 活動的政府僱員交談，而且還向攝像機展示了他收集的包含 136 小時證詞的錄像帶。然後德隆格說了一個個案，他沒有說出事主的姓名，那人是核清理工作組的一員。該名男子在證詞中說，他被帶到五角大樓地下七層樓，穿過迷宮般的電梯和隧道，最後面對面親眼見到外星人。他的工作是負責清理這地區的核輻射，因為在此工作的政府人員都感染極強輻射。所以他便見到這名外星人。

雖然 Blink-182 非常受年輕人歡迎，唱片賣得滿堂紅，名利雙收；但是德隆格對音樂的興趣越來越小。到了 2015 年 1 月德隆格決定離開 Blink-182。據其餘樂隊成員的原始聲明所述，樂隊計劃進入錄音室的一周前，德隆格的經理人給樂隊發了一封電子郵件，解釋說德隆格在可預見的未來寧願從事非音樂方面的工作。後來接受 Mic 採訪時，德隆格說需要藉此機會幫助解決「國家安全問題」(不過其後他在「推特」上否認了這一點）。離開樂隊後，他決定為不明物體揭密而努力。他想迫使政府公開它們所知道的資料，於是組織招募一個他需要的工作團隊。自此之後，德隆格高調在不同傳媒揭露政府隱瞞的資料，很快地德隆格就成為了不明飛行物界的公眾人物。

在聖地亞哥恩西尼塔斯社區，距離海灘幾個街口的一個翻新車房，就是德隆格的辦公室。辦公室裡堆滿了吉他和其他音樂紀念品，但至少有一半的裝飾是他另一種痴迷的東西——一切同不明物體拉上關係的紀念品。德隆格對不明物體的著迷，令他仍然像年輕時的加州滑板小伙子。「這一切還不止於此。我親身學到了三晚沒睡的東西。」掛在辦公室牆上的，可能是他在和政府鬥爭中收集到的獎章：一個展示櫃，裡面裝滿了他與將軍、航太承包商和秘密政府機構會面時的數十枚紀念幣。德隆格追溯自己與中央情報局、美國海軍的會晤，以及到訪洛克希德．馬丁公司在南加州著名的秘密「臭鼬工廠」的「先進發展計劃」部門，那裡設計了世界上最先進的間諜飛機。還有一張照片令人印象深刻，德隆格和兩個男人合影，其中一個是畢格羅。這張照片拍攝於 2017 年末，就在德隆格成立了他的公司「星辰學院」(To the Stars Academy of Arts & Sciences) 後不久，德隆格利用這個混合研究和娛樂的組織來推行其 UFO 計劃。

德隆格非常尊重畢格羅，這位一直全心全意投資研究各種科技的人。德隆格和畢格羅在拉斯維加斯總部會面，畢格羅透露，他於 1999 年創立了畢格羅航太公司，該公司一直為美國太空總署工作，為太空站設計起居室。德隆格喜歡他所做的一切，這個年青人的搖滾巨星偶像，終於有了他自己的偶像。

德隆格認為畢格羅是飛碟研究領域的重要人物。他們為「星辰學院」和畢格羅航太公司的共同計劃談了很久。之後星辰學院便與國防部合作研究「奇異」金屬和「光束能量推進」。它還一直在遊說政府進行關於 UAP 的新研究。但「星晨學院」的大部分業務都是商業項目，例如利用超自然和 UFO 為主題製作視頻遊戲、電影和書籍。

實際上德隆格是利用各種未知事物的資訊，令公眾產生對神秘事物的興趣，這一系列產品是一個精心設計的訊息宣傳。不過這種做法，連德隆格的一些支持者也質疑，星晨學院販賣商品來謀利，損害了他藉揭密而在公眾建立的可信度。但毫無疑問，德隆格將不明飛行物帶入更嚴肅的討論領域，扮演著重要角色。

六年前，當德隆格成立星辰學院時，他開始組建一支顧問團隊，這與畢格羅在大約二十年前組建的團隊相似，他們在國家安全機構的背後尋找有聯繫的人，藉此挖掘更新的資料來印證他的理論。從某角度看，德隆格與畢格羅是完全相同的人。

秘密計劃主要承包商

德隆格招募的第一位擔任該學院科技副總裁的人是哈羅德·帕特霍夫，他是史丹福大學大學前工程師，曾在 1970 年代為中央情報局進行過實驗。在 2004 年 NIDS 關閉後，帕特霍夫成為畢格羅航天高級空間研究中心的頂級顧問之一，該公司及時成為里德五角大廈秘密計劃的主要承包商。帕特霍夫受畢格羅委託撰寫了 38 份技術報告，總價值 2200 萬美元，其中有科幻類的標題，例如「曲速引擎、暗能量和維度操縱」和「可穿越的蟲洞、星門和負能量」。帕特霍夫自己則經營著一家諮詢公司 EarthTech International。

德隆格的另一名新兵是占·塞米萬（Jim Semivan），他在 CIA 秘密服務 25 年，擔當國家秘密行動處（National Clandestine Service）的一名臥底至 2007 年退休，在那裡他曾協助監視俄羅斯、中國、朝鮮和伊朗等對手。塞米萬通過曾協助建立 NIDS 的陸軍軍官約翰·B·亞歷山大（John B. Alexander）認識德隆格。政府秘密研究不明飛行物，塞米萬稱自己沒有正式角色，但他遇到了很多非常奇怪的事情。他為德隆格的書《Sekret Machines: Chasing Shadows》寫了序言，這是德隆格與 AJ Hartley 合著並於 2016 年出版的系列叢書的第一卷——〈現象是真實的〉，塞米萬在序言寫道：「沒有辦法否認或反駁過去幾十年中積累的所有證據。但究竟是什麼現象？」，「沒有人知道真實的故事是什麼」，「每個人都對此一無所知。」

德隆格還聘請了航空工程師史蒂夫·賈蒂斯（Steve Justice），他數十年來一直在洛克希德·馬丁公司著名的臭鼬工廠監督機密開發

占塞米萬 Jim Semivan

項目。多年來，賈蒂斯在五角大樓參與很多不為人知的黑計劃，他在黑計劃內的隱秘世界中受到尊敬，工程師同事與他分享了目擊不明飛行物的經歷，「一些同事看到了他們無法解釋的東西」，不過他本人對不明飛行物體仍然持懷疑態度。在 1990 年代中期，在臭鼬工廠從其位於伯班克的 320 英畝原址搬到棕櫚谷後，賈蒂斯成為這個秘密工廠的「非官方歷史學家」。他回憶說在搬遷過程中，偶然發現已故的克拉倫斯・里安納・凱利・莊遜（Clarence Leonard "Kelly" Johnson）的文件，他是一位傳奇的航空工程師，曾幫助設計 U-2 和 SR-71，這兩款超越時代的間碟偵察機。「有一份 50 年代裝訂在一起的備忘錄，」賈蒂斯說，「它的標題類似於『洛克希德公司的某些人員看到了不明飛行物』。於是我把它翻開。第一頁是凱利・莊遜寫給賴特-帕特森空軍基地某人的備忘錄，上面寫著「我們中的一些人看到了這個，以防萬一，我想把它寄給你。」

在凱利莊遜的幾頁備忘錄，他看到了一些東西並畫了草圖，而且還有其他目擊者。「我發現真正有趣的是，他的飛行測試團隊成員寫了三份左右的備忘錄，他們在工廠上空飛行，他們說的和凱利所看到是一樣的。」賈斯蒂斯說：「他們每個人都注意到，其他目擊者亦同樣抱着懷疑態度，他們不得不回去再考慮一下，因為他

克拉倫斯・里安納・凱利・莊遜

們無法解釋他們所看到的。」賈斯蒂斯說，隨著他不斷閱讀舊的文件，他的觀點產生了變化。「好吧，這些人是飛機設計師……他們不知道這是什麼。它是從兩個不同的角度被觀察到的。」賈斯蒂決定將對 UFO 的偏見放在一旁，重新思考不明物體的存在性。

另一位為 NIDS 提供建議的資深人士，是法國出生的天文學家和電腦科學家雅克・瓦萊（Jacques Vallee）。雅克・瓦萊是史提芬・史匹堡 1977 年電影《第三類接觸》（Close Encounters of the Third Kind）中科學家的靈感來源，該電影講述了一個看似仁慈的外星物種在潛意識中與人類交流的外星人綁架事件。近年來瓦萊幫助經營一家風險投資公司，該公司於 2006 年與 NASA 合作，協助探索新興技術。

賈斯蒂決定將所有對UFO的污名放在一旁，從新再思考不明物體的存在性。

這位現年 82 歲的瓦萊說：「在 20 世紀 60 年代和 70 年代，天文學家對宇宙中存在生命的想法非常有爭議」。「沒有證據表明存在任何類似地球的行星。現在證明在宇宙有成千上萬的行星可以通過它們的運動可見或檢測到。它們中的一部分可能會在與地球相同的條件下支持生命。這全都是來自主流科學。」

德隆格的顧問團隊幫助他建立了自己的企業，但他們所做的最重要的事情，是讓德隆格了解應該在五角大樓和其他政府機構拜訪誰，誰可告訴你重要的訊息。德隆格告訴傳媒：「我會給四星將軍寫電子郵件，並試圖得到他的回覆，這是一條艱難的道路。」

天文學家和電腦科學家 雅克・瓦萊 Jacques Vallee

五角大廈的奇怪視頻

在 2016 年，德隆格發現了一個人的名字，那人將成為宣傳政府不明飛行物研究的最關鍵人物之一：路易斯・埃利桑多。他有紋身，身體健碩束，有著尖刺的黑髮和白色山羊鬍鬚，在 9-11 之後的幾年裡一直是一名恐怖分子審訊者。2008 年 6 月，他第一次出現在由里德贊助的秘密不明飛行物計劃中，這計劃被稱為「先進航太武器系統應用計劃」，後來它被重新命名為「先進航太威脅識別計劃」(AATIP)。埃利桑多在負責情報的國防部副部長辦公室監督着各種情報，這個部門更常被稱為 UAP 的投資組織。他於 2017 年 10 月從政府部門退休。這計劃不僅對公眾隱瞞，甚至對五角大樓的大部分人都隱瞞，埃利桑多彙編了數十份關於飛行員、雷達操作員和軍艦船長遭遇的報告，包括在五角大廈看到的一些奇怪遭遇的視頻。他會見了電子專家和雷達工程師等技術人員，試圖解釋這些不明飛行器如何遠遠超出已知航天技術的性能特徵。

德隆格知道那種會激發公眾興趣的數據，可能會迫使政府將信息更加透明化，從而為更多公共和私人研究提供資金。但德隆格仍然需要一個可以在華盛頓發揮影響力的人，那人必須連媒體、懷疑論者也認為是可信的。

2016 年德隆格聯繫了基斯道化・梅隆（Christopher Mellon）。63 歲的梅隆是賓夕法尼亞石油和銀行家族的後裔，是國家安全機構的成員。他曾是參議院情報委員會的前任參謀長，並在克林頓和喬治・W・布殊總統的政府擔任負責情報的副國防部長。他非常了解華盛頓的運作方式，包括國家安全國家最秘密的角落。他知道如何抓住行政部門和國會委員會的注意力並採取行動。他也開始堅信美國政府在報告來歷不明的高度先進飛行物入侵時存在「盲點」。梅隆知道政府有軍事人員的目擊報告，但不知道有多少，或多長時間，也不知道一些事件有令人信服的視頻和照片。梅隆說有一天德隆格突然打電話給他，通過共同認識的塞米萬和普索夫，兩人就此聯繫起來。兩人開始聊天，談論大家對不明飛行物的見解。最後大家相約見面，決定開始合作。

基斯道化梅隆
Christopher Mellon

這讓在離開政府後維持保安許可的梅隆與埃利桑多在五角大樓舉行了會議。埃利桑多認為，儘管他盡了最大努力來強調問題嚴重性，包括向國防部長詹姆斯馬蒂斯提出，但軍方領導人並沒有足夠重視這些事件。埃利桑多對傳媒說他離開五角大廈的原因：「我對高層領導缺乏資源和興趣越來越感到沮喪」、「向我們辦公室要求更多報告的情況不停增加，但我們的資源卻很少，領導層的參與幾乎不存在。」當他與梅隆會面時，埃利桑多分享了有關海軍飛行員近年在東海岸和西海岸報告的一系列目擊事件，包括視頻片段和音頻，飛行員試圖理解看似超凡脱俗的東西如何跟蹤他們。對於梅隆來説，這些視頻是一種啟示。

「我在五角大樓的簡報會上遇到了盧。」梅隆説，他指的是埃利桑多。「然後我們開始互動，通過埃利桑多，我發現了更多正在發生的事情……並開始對此進行真正的考驗。」埃利桑多當時的目標之一是讓政府解密由海軍拍攝的三個 UAP 視頻。他回憶説，其目的是建立一個非機密數據庫，他稱之為「利益共同體」，其他機構甚至州和地方官員都可以輕鬆檢閱該數據庫，以獲得或分享 UAP 目擊事件的報告。「通過創建一個虛擬圖書館來對每個事件進行分類和分析，我們希望能夠更好地了解這些系統的功能和最終的漏洞」。

媒體風暴

支持國防部的華盛頓總部的解密部門迅速批准，他們得出結論是，廣泛傳播這段視頻不會構成安全威脅或洩露敏感情報。根據《POLITICO》獲得的文件，政府批准了這些視頻在政府內部「無限分發」。但梅隆、埃利桑多與德隆格協商後得出結論，這還不夠。他們需要掀起一場媒體風暴，以引起軍事和情報領導人的注意，更重要的是國會。

2017 年秋天，埃利桑多決定請辭並加入「星辰學院」。梅隆當時也是「星辰學院」的受薪顧問，擔任埃利桑多的非官方公關經理。他開始把這故事掛在《紐約時報》和其他幾家主流媒體上：

五角大樓近年來一直在實施一項不明飛行物研究計劃，該計劃正在跟蹤與未知飛行物的大量無法解釋的遭遇，並由里德在幕後資助。一直在監督相關數據的職業公務員正準備辭職。幾個月後，記者們看到解密的視頻，以及非機密文件，文件顯示畢格羅擁有的航太公司已獲得五角大樓的合同，對 UAP 進行一系列理論研究。一些監督該計劃的現任和前任五角大樓官員證實了這些資訊是真實的，里德和他的一些前工作人員也證實了這一點。五角大樓還正式承認 AATIP 計劃的存在以及埃利桑多在其中的作用。

ATTACHMENT 1

STATEMENT OF OBJECTIVES
FOR THE
ADVANCED AEROSPACE WEAPON SYSTEM APPLICATIONS PROGRAM
18 July 2008

1. **BACKGROUND:** The Acquisition Support Division (DWO-3) of the Defense Intelligence Agency (DIA) has the responsibility to provide guidance and oversight to the Department of Defense (DoD) acquisition process along with leveraging the DoD Intelligence Community to coordinate, produce and maintain projections of the future threat environment in which U.S. air, naval, ground, space, missile defense and information systems operate. In order to accurately assess the foreign threat to U.S. weapon systems, a complete as possible understanding of potential breakthrough technology applications employed in future aerospace weapon systems must be obtained.

2. **OBJECTIVE:** One aspect of the future threat environment involves advanced aerospace weapon system applications. The objective of this program is to understand the physics and engineering of these applications as they apply to the foreign threat out to the far term, i.e., from now through the year 2050. Primary focus is on breakthrough technologies and applications that create discontinuities in currently evolving technology trends. The focus is not on extrapolations of current aerospace technology. The proposal shall describe a technical approach which discusses how the breakthrough technologies and applications listed below would be studied and include proposed key personnel that have experience in those areas.

AATIP 計劃文件

2017 年 12 月 16 日《紐約時報》發佈視頻和報導整個事件。海軍的 UAP 事件像風暴般擴散到全世界。從那時起這些視頻在 YouTube 上的觀看次數已達數千萬。

德隆格的團隊提供一個無可爭辯的真實故事，藉此打消媒體的懷疑。政府的確資助了不明飛行物研究。但該計劃已於 2012 年中止 ，他們的最終目標——引發國會關注仍未達成。因此梅隆和埃利桑多將遊說活動帶到國會山，梅隆與那裡擔任情報官員的人有多年的聯繫。

「他制定了法律，他了解監督。」德隆格在描述梅隆如何取得突破關鍵時說，「在華盛頓特區的官僚機構中，他是一條鯊魚」。梅隆憶述在國會山展開推廣活動。「成員們尋求簡報並與一些飛行員會面」，「那時發生了巨大的突破，因為海軍在國會山確認這些視頻是真實的和非機密的，所以他們別無選擇，只能向公眾承認它們的真實性。這產生了巨大的影響。」梅隆強調，美國政府「承認正在發生這種情況」，「它突然變得真實了，那是驚人的改變。不明飛行物不再是謠言或指控。山姆大叔承認現實。」

海軍後來還起草了新的指導方針，要求飛行員和其他人員報告此類目擊事件，這被廣泛視為在普通民眾中消除擔憂的轉折點，傳播出鼓勵人們如實報告的信息。

國會的一系列機密簡報，還促使監督委員會的幾位成員首次公開談論他們的擔憂，並呼籲進行更多研究。2019 年 6 月，情報委員會高級成員、弗吉尼亞州參議員馬克・華納在參加了一次機密簡報會後告訴記者：「人們對這個問題的重視程度要高得多」、「軍方和其他人正在認真對待這件事，我認為前幾代人可能不會這樣。」軍事人員的其他 UAP 報告也公開了，包括飛行員近一年來在東海岸日常遭遇 UAP 的證詞。其他人開始向五角大樓施加更大的公眾壓力，要求它更坦率地處理不明飛行物入侵受保護美國空域的行為。

這一切的核心是梅隆和埃利桑多，他們成為了媒體明星，包括在歷史頻道上擁有自己的節目。正是梅隆在德隆格公司的顧問委員會任職，他起草了後來參議院通過的「要求 UAP 報告」的法案。2017 年媒體爆料成為公眾熱話，到了 2020 年夏天，五角大樓公開宣佈已成立高級工作組以進一步研究這些現象，事件可謂達到高潮。

較早之前，盧比奧通過了立法，要求提供政府的 UAP 報告，該法案於 2020 年 6 月首先由參議院情報委員會通過，然後於 12 月由參議院全體會議通過。這份報告標誌著 50 多年來行政部門首次公佈其與 UFO 現象相關的活動。雖然這份報告並未公佈更深入的資料和個案，但起碼對民眾來說，UAP / UFO 現象是真實的，這意味著政府有可能正在隱藏其他發現。

不明飛行物被帶到陽光下

既然政府的不明飛行物被帶到陽光下，下一個問題是：什麼樣的研究，會得到來自五角大樓、情報機構或私人資助者的新資金？它會促使政府研究和學術調查，從而真正改變科學知識的視野嗎？

抑或是，它的研究如此令人畏懼，以至謹慎的官員都不敢在上面寫上他們的名字。後者是有先例的，AATIP 計劃在 2009 年至 2012 年間委託進行的大量理論研究，其結果最終彙編成畢格羅航太公司的一份 300 頁報告。有些有分類的，有些沒有，但即使是非機密報告也從未公開，梅隆和其他人認為官員若感到尷尬，只會削弱他們的長期努力。

不過，在拉斯維加斯舉行的 NIDS 會議，一些參與者有更樂觀的看法，他們認為現在政治氣氛已很不同，應該有機構／／組織願資助嚴肅的空中現象調查，以必要的科學嚴謹性進行研究。

「這種公開要求報告的事實消除了一些污名。」帕特霍夫說，「已發生的事實已經減少了人們談論這些事情的羞恥心，以至在幕後想要做更多事情的人，與更多人交談等，變得更有可能……從長遠來看，這當然會轉向公共知識領域。」

法國天文學家和風險投資家瓦萊正試圖利用這種日益增長的接受度，在矽谷建立一個新的不明飛行物研究中心。他的目的在於利用私營部門的頭腦和工業設施來分析在世界各地發現的未知材料，有些人認為這些材料具有超凡脫俗的特性。他補充說，依靠政府來解決這些難題已經不再是一種選擇。「我們確信政府已經做了同樣的事情」他解釋說，「但它在某個地方的地下室，他們不會談論它。」

德隆格和帕特霍夫一樣，覺得事情的最大突破，可能僅僅是人們言談之間發生了多大的變化。「你很少讀到過去 70 年來有人因 UAP 而受荒謬解僱」，「我們正在以一種更容易接受的方式見證 UAP 的社會化。不久將來，對這種現象有真正研究，我對此非常樂觀。」

帕特霍夫 Hal Puthoff

NIDS 的聯合創始人之一約翰・亞歷山大（John B. Alexander）說，他們的目標需要是「努力讓我們的一些最優秀和最聰明的人參與這些研究，而不會危及他們的聲譽或生計。」至少，再沒有人因為與不明飛行物扯上關係而面臨失去專業地位的巨大風險。隨著不明飛行物政治行動委員會的出現，那些敢於發聲而不是保持沉默的政客們，可能會有更強的政治優勢。

前間諜塞米萬堅持認為，如果沒有德隆格的組織努力，過去三年發生的事情，以及不久將來陸續出現的秘密揭露，也許會十分不同。「湯姆有時會說一些話，我們為此爭論不休」，「但是德隆格把所有的東西都放在一起，所以令到其他人都可以談論它。」不過德隆格本人對整件事發展的速度和有效性感到有些驚訝。

2019 年，他公司製作了歷史頻道電視節目《Unidentified: Inside America's UFO》調查，講述了尼米茲號 UFO 事件。該節目以德隆格的第一手資料為節目特色。

據 Radio.com 報導，德隆格在一份聲明中說：「有了這個節目，真正的對話終於可以開始了。」「我感謝歷史頻道讓星辰學院的世界級科學家、工程師和情報專家團隊有機會以全面而引人入勝的方式講述這個故事。

2019 年 10 月，UFO 視頻被海軍承認為「不明空中現象」，美國海軍首次就飛行員在戰鬥機上拍攝的「身份不明」物體的錄像發表意見，承認那是來自海軍飛行任務中拍攝的錄像。海軍認為這三個視頻中所見的現象是「無法識別」。

2020 年 4 月，海軍正式發佈了三段 UFO 視頻。這些視頻已被正式解密，德隆格很高興，政府終於承認他發佈的錄像。他在「推持」說：「通過今天的活動和文章，我和@TTSAcademy努力讓美國政府開始這場盛大的對話，我要感謝星辰學院的每一位股東對我們的信任。接下來，我們計劃追尋技術，尋找更多答案並講述故事」。

看完德隆格的揭密時序，他會否是政府的白手套，幫助政府散佈有前設的飛碟訊息，為下一波更大的外星人資訊而做準備？在未來的日子，美國會否會像陰謀論者所認為的，會進一步承認外星人的存在，甚至已準備外星人戰爭呢？

CHAPTER 2

英國官方調查UFO的早期歷史
列宇翔

2017 年，英國政府宣佈公開最後一批「UFO 機密檔案」，令人好生疑惑：「最後一批」？難道英國掌握著什麼確實消息，完全肯定日後百分之百沒有不明飛行物體飛越英國上空？還是英國已經嚴重缺乏經費，再不願撥款研究這種關乎國防安全的空域現象？抑或，英國仍會監察 UFO 事件，只是更為守秘保密，所有報告今後一律拒絕公開，在文明世界重視的透明度上開倒車？

英國國家檔案館（CC BY-SA 2.5,taken by Nick Cooper, wikipedia）

真正理由為何，外界不易得知，英國國防部的官方理由是「不值得繼續研究」！熱衷 UFO / UAF 的人士當然傻眼：就當所謂「外星人飛碟」全屬子虛烏有、庸人自擾，但「不明飛行物」可不必與外星文明有關，它可能是自然界的流星隕石，也可能是敵國的新形號飛行體，一個泱泱大國難道置國民的安危不顧，任由空域出現任何奇特異象也堅決視若無睹？稍微推敲也知不可能吧。

據英國前國防部僱員 Nick Pope 說，自 2008 年開始英國政府公開解密 UFO 文件以來，10 年後仍有三份文件尚未公諸於世。箇中真相，實在耐人尋味。對大眾和媒體來說，UFO 幾乎是「外星飛船」的同義詞，但對各國軍事力量來說，它只是指一些「可以目擊，但無法識別」的空中東西（UFO 本是美國空軍術語，據美國空軍 1951 至 1969 年 UFO 項目「藍皮書計劃」，愛德華．魯佩爾特上尉所說，這詞彙是為了「取代媒體和公眾廣泛使用的飛碟」而創造的），如果那三份無法公開的檔案涉及他國軍事活動，為何事隔日久仍不解密？如果那些僅是自然現象，就更讓人大惑不解，皆因根本沒必要予以保密。

英國前國防部僱員Nick Pope說，至今仍有3份文件尚未公諸於世。

英國一改公開 UFO 文件的透明政策，原因會否是出現愈來愈多一如上述三份文件般「無法公開」的個案，以致該國索性改弦易轍，省卻重重掩飾的麻煩？就讓本書從英國已公佈的檔案中尋找珠絲馬跡，探窺大英帝國上空的各種神秘現象。

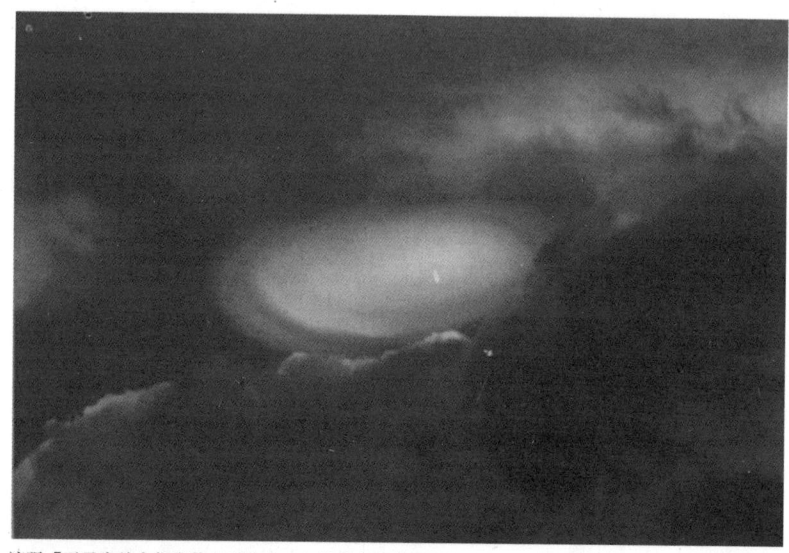

這張「不尋常的大氣事件」照片由一名退休皇家空軍軍官於 2004 年在斯里蘭卡拍攝，是英國公佈的機密文件之一。(credit: The National Archives UK)

二戰時期出現於英國上空的 UFO

各國官方調查 UFO，如大家所想，絕大多數報告把把不明飛行物解釋為明亮的恆星或行星、流星、人造衛星、氣球、從刁鑽角度看到的飛機，以及在大氣中燃燒的太空垃圾等等。

然而，英國解密 UFO 檔案中，也有少數記錄在案的案例，是找不到理性解釋的。可是，國防部只會視這些個案為「身份不明」而不是「外星人」。國防部情報人員 (DIS)，更偏愛用 UAP (Unidentified Aerial Phenomena，即不明飛行現象) 一詞來描述那些空中謎團，藉以減少與外星人或物體拉上關係。

英國調查 UFO 的官方記錄均集中在二戰後期。為什麼事情於此時期萌芽，又因何而生，我們不妨回顧一下歷史。

第二次世界大戰後，世人對不明飛行物越來越著迷，不少人相信這些飛行物的「乘客」正是外星訪客。相映成趣是，英國官方政策十分務實（或短視），關注點在於 UFO 是否對國家安全構成威脅。例如，冷戰期間，大英帝國的主要威脅來自蘇聯鐵幕。每逢有「不明飛行物」迫近或越過，一旦英方認定是蘇聯飛機，軍方就不再對 UFO 身份感興趣。不過，事情沒有那麼簡單，很明顯，並不是所有離奇出現於領空的飛行器，都可以用「敵國飛機」來解釋……

20 世紀初的「幻影飛艇」

英國軍方對 UFO 產生興趣，源於其盟友兼競爭對手——美國的動向。19 世紀末至 20 世紀初，美國出現了一波「幻影飛艇」目擊事件。所謂幻影飛艇，指的是一種攜帶探照燈的深色雪茄形飛行物。這類目擊事件，比世人熟知的「飛碟」目擊個案，還早了 50 年。

一本談及「幻影飛艇」的書《The Scareship Mystery: A Survey of Phantom Airship Scares 1909-1918》

自 1909 年以來，直至第一次世界大戰頭幾個月，英國上空接連出現「神秘飛艇」。1909 年和 1913 年，英國夜間城鎮上空出現許多幻影飛艇，款式與美國所目擊的相類。隨著英國和德國之間緊張局勢升級，英國媒體出現一種主流論調——認為這些幻影飛艇是敵方執行偵察任務的飛艇。政界人士紛紛指責德國人派遣「齊柏林飛艇」監視英國海岸線的造船廠和其他戰略區域。

1912年丘吉爾的命令

當時媒體得出結論是，一艘停駐在德國齊柏林的飛艇，於一次秘密偵察任務中飛越英國海岸線。輿論普遍認為德國人是「元凶」。然而，英國軍方心知肚明，情報顯示那艘德國飛艇從未離開過歐洲大陸，不曾穿過英吉利海峽（英國雖屬歐洲國家，但陸地與歐洲大陸不接壤）。（註1）

隨著無法解釋的空中現象漸多，各界陷入恐慌，英國官方無法不加以正視。1912年10月，有報導稱在埃塞克斯郡希爾內斯上空，有人目擊一架UFO。當時有人在希爾內斯的皇家海軍魚雷學校上空，看到一架身份不明的飛機飛越而過。時任海軍大臣的溫斯頓・丘吉爾（Winston Churchill）在下議院回應問題時，下令進行調查。

立法授權擊落UFO

英國戰爭辦公室和海軍部門都調查了不明飛艇、飛機和神秘移動光點的目擊事件。此類個案通常於夜間出現。第一次世界大戰期間，不列顛群島的許多地方，均有向軍方匯報的報告，目擊事件一直持續到1913年。有見及此，1911年英國修訂《空中航行法》，通過設立禁區法案，如有飛行物違反了相關規定，或飛艇等未能對地面信號予以回應，則可能遭到擊落。而為了執行目標，陸軍部加緊生產能夠擊落飛艇的武器。戰爭辦公室持續調查於 1914 年和 1915 年間匯報的目擊事件，但並未收集到有用的信息。

20世紀初的官方定調

1916 年，戰爭辦公室的一份情報指出，89% 的目擊個案可以用「明亮的行星、探照燈和自然現象」來解釋。報告結論是：「沒有證據顯示，此類敵人的活動曾經存在過」。

儘管公眾普遍持懷疑態度，但英國政府主張，所有可能對國防產生影響的彙告，均應予以調查，並假定這些目擊事件真實存在——它們可能是敵機，如是者則收集數據。這項政策支持所有軍方繼續注視 UFO，從某種意義上來說，奠定了戰爭辦公室面對這些空中謎之威脅的處理態度，亦為日後官方調查類似現象的態度定調。

二戰時的神秘光球——Foo Fighters

時間線跳至第二次世界大戰。二戰期間，天空中出現更多神秘物體和光點。當中包括盟軍和軸心國飛行員在歐洲執行任務期間遭遇的奇怪光球和小型金屬物體。英國皇家空軍人員目擊，一些火球和移秘移動光球，似乎在追趕盟軍飛機，當時他們在被佔領的歐洲上空執行任務。這些 UFO 被美國空軍稱為「Foo Fighters」，此名稱來自漫畫角色，其口號是「有 foo 的地方就有火」。

這種「夜間現象」，特色是目擊者多為空軍現役軍士，他們受訓嚴格，不像普通民眾般易把自然現象誤當 UFO。於是，英國皇家空軍從 1942 年開始收集「夜間現象」報告，後來更與美國當局分享相關情報。最初，他們假設這些現象是德國的秘密武器，比如 Me262 噴氣式戰鬥機。然而，戰爭結束時，盟軍並未發現任何符合那些夜間 UFO 特徵的先進飛機或武器。此外，1946 年擔任空軍部情報總監的 RV Jones 博士及情報人員發現，敵方的德國飛行員，竟然也曾觀察到類似無法解釋的空中現象！

幽靈火箭——陸軍空軍參與調查

二戰結束時，英國陸軍和空軍都對在斯堪的納維亞（半島是歐洲最大的半島，半島上的瑞典和挪威兩國以斯堪的納維亞山脈為界）發現的神秘飛行物進行調查。這些飛行物稱為「幽靈火箭」，一度被視為蘇聯產物。

1946 年和 1947 年，陸軍部和空軍部調查神秘幽靈火箭。最初，空軍情報官員認為，幽靈火箭是蘇聯人從波羅的海發射的「飛行炸彈」。但 RV Jones 博士對此理論持懷疑態度。他認為這只是西方害怕蘇聯擴張，見到明亮的流星而產生誤會。

1950 年大量 UFO 目擊事件　英政府著手調查

時至 1950 年，英國政府才開始正式調查 UFO 之謎。此前的關注及調查，僅可稱為階段性「見步行步」式反應，並未作系統調查。

1946 年 7 月 9 日，由 Erik Reuterswärd 拍攝的瑞典「幽靈火箭」照片，在報紙廣為流傳。

為什麼英國當局態度忽然轉變？本來，英國人對 UFO 的認知，尚停留在美國事件，英國媒體談到時往往冷嘲熱諷。但 1950 年春夏期間，英國媒體報導了大量 UFO 目擊事件，甚至成為頭條新聞。到了同年 10 月，兩大報章刊載一系列文章，讓英國人首度認真看待 UFO 和飛碟的報導。《星期日快報》（The Sunday Express）開始連載杰拉爾德・赫德（Gerald Heard）的《飛碟之謎》（The Riddle of the Flying Saucers），這是於英國出版的首本以 UFO 為主

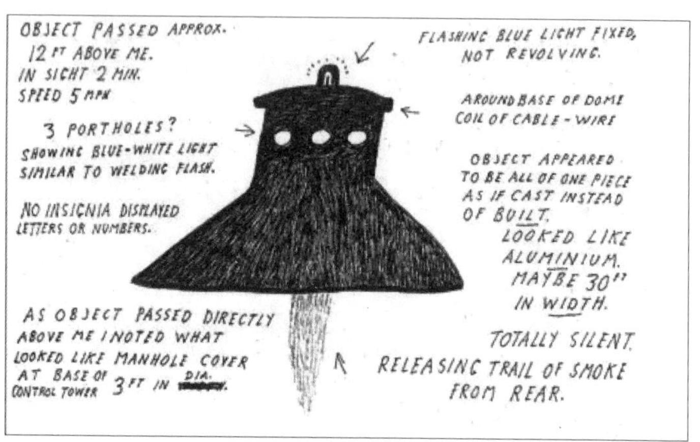

1954 年，在西米德蘭茲郡被目擊的不明飛行物。(credit: The National Archives UK)

題的著作。同時，《星期日快報》的競爭對手《倫敦周刊》(London weekly) 刊登了弗蘭克・斯卡利 (Frank Scully) 的《飛碟背後》(Behind the Flying Saucers) 和退役美國海軍陸戰隊少校唐納德・凱霍 (Donald Keyhoe) 的《飛碟是真的》(The Flying Saucers are Real) 的摘錄。這導致英國當權派，無論是官方機構還是科學界，不得不認真看待這問題。

海軍上將路易斯・蒙巴頓 (Louis Mountbatten) 更鼓勵《星期日快報》發表飛碟故事。蒙巴頓是少數有影響力的軍方官員之一，他後來於 1959-65 年擔任國防參謀長。蒙巴頓相信不明飛行物是真實的，來自星際。

飛碟工作組成立

1950 年的媒體熱潮，導致高層大人物公開關注，而其他人則開始敦促政府採取行動。其中包括緬甸的蒙巴頓伯爵和退役的戰鬥機司令部總司令，空軍上將休・道丁爵士（Sir Hugh Dowding）。另一位對不明飛行物感濃厚興趣的知名人士是科學家亨利蒂扎德爵士（Sir Henry Tizard）。亨利蒂扎德聞名於雷達開創技術發展，二戰時他擔任空軍參謀部的科學顧問，戰後成為國防部首席科學顧問。亨利蒂扎德一直關注幽靈火箭的官方説辭，並對 1950 年媒體熱話非常感興趣。

《星期日快報》於1950年代連載杰拉爾德・赫德的《飛碟之謎》

亨利蒂扎德認為「關於飛碟的彙報不應該未經調查就駁回」（註2）。他利用首席科學顧問的權威影響力，令國防部成立了一個小型專家小組。1950 年 8 月，他要求在科學情報局 / 聯合技術情報委員會（DSI / JTIC）中成立一個小型工作組來調查 UFO 現象，其稱為飛碟工作組（the Flying Saucer Working Party）。

英國首相丘吉爾的要求

飛碟工作組在保密的情況下運作，很少人知道它的存在。1952 年 7 月 28 日，時任英國首相的溫斯頓・丘吉爾（Winston Churchill）向空軍部長發送一份備忘錄，並抄送給他最信任的科學顧問切爾韋爾（Cherwell）勳爵。丘吉爾要求：

「關於飛碟的這些東西到底是什麼意思？這意味著什麼？真相是什麼？讓我在你方便的時候有一份報告。」

（What does all this stuff about flying saucers amount to?What can it mean?What is the truth? Let me have a report at your convenience.）（註 3 ）

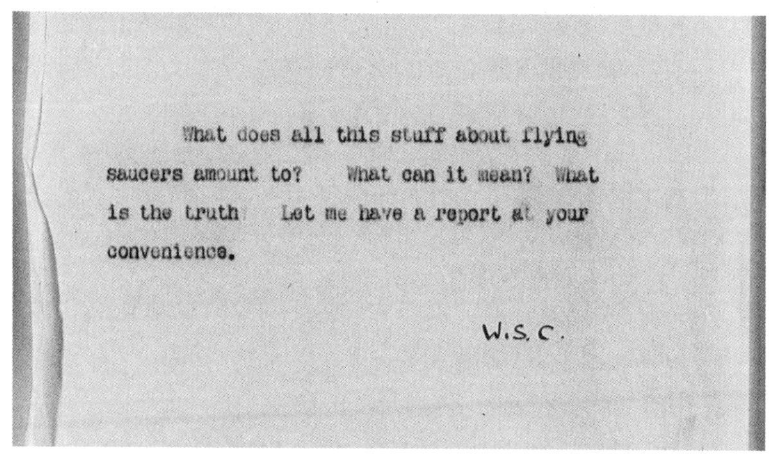
What does all this stuff about flying saucers amount to? What can it mean? What is the truth Let me have a report at your convenience.

W.S.C.

丘吉爾向空軍部長發送的備忘錄（credit: The National Archives UK）

同年 8 月 9 日，丘吉爾收到空軍部的答覆。空軍備忘錄說，不明飛行物是「1951 年全面情報研究」的主題，所有相關 UFO 目擊事件，都可以解釋為「自然現象，對飛機、氣球和鳥類的誤解、視錯覺、心理錯覺和故意惡作劇」。由 1948-9 年的「Project Grudge」調查開始，直至 1951 年以來，「沒有發生任何事情足以讓空軍參謀改變他們的想法」。

政府首席科學家切爾韋爾勳爵完全同意空軍觀點，他將美國飛碟恐慌視為「大眾心理的產物」，並於一分鐘內向內閣成員傳閱該備忘錄。但亦有人不以為然。時任供應部長的鄧肯·桑迪斯（Duncan Sandys）寫信給切爾韋爾，信中寫道：「正如你所說，或沒有真正的證據證明飛碟式飛機的存在，但在我看來，已有足夠的證據表明存在飛碟式飛機。一些無法解釋的現象的證據。」

為什麼我們可得知當日高層人士之間的爭議？因為根據 30 年規則，英國國防部於 1986 年將第一批與 UFO 相關的記錄轉移到前公共記錄辦公室（PRO），而上述備忘錄亦一起保存在國家檔案館中。

不相信 UFO 現象者，往往是科學家，他們要求確鑿的證據，把整個現象視為「大規模歇斯底里」。至於認為應該認真對待飛碟報告的人，如鄧肯· 桑迪斯和蒙巴頓勳爵，則與懷疑論者的分歧越來越大。

銷毀UFO報告

現存保存於英國國家檔案館的 UFO 文件可以追溯到 1962 年至 1979 年。原來英國國防部過去有一項政策，每五年銷毀一次 UFO 文件，他們認為這些文件只具「暫時作用」。

直至約翰·朗福德 - 霍爾特爵士（Sir John Langford-Holt MP）於議會提出一系列問題後，這項政策才被取消。霍爾特爵士說：「國防部保留的最早的 UFO 報告可以追溯到 1962 年。1967 年之前，此類報告與其他常規文件一樣，在五年後銷毀。國防部終決定保留報告而不是銷毀報告，是為了應對公眾對該主題越來越感興趣。」

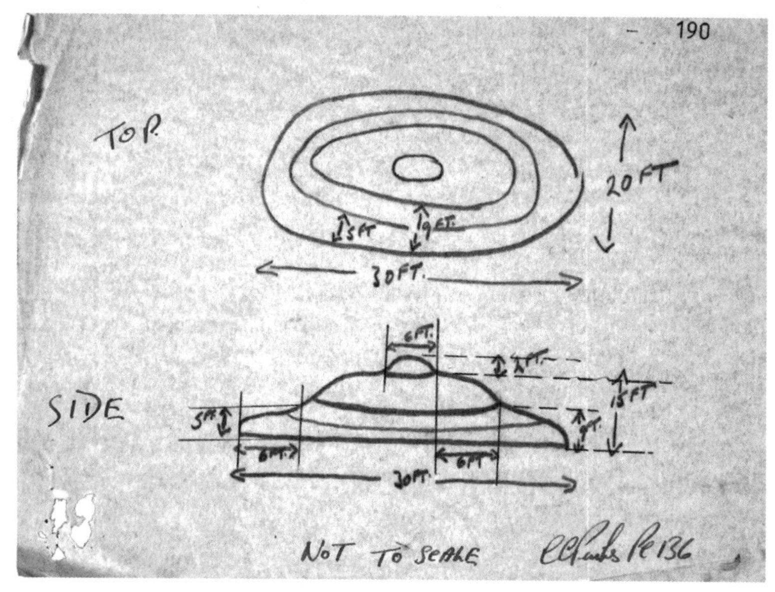

PC Perks 繪圖，柴郡，1966 年。(credit: The National Archives UK)

「銷毀 UFO 文件」政策於 1967　年終結，因此 1962-1967 年之間的檔案倖免於難，得以保存。其後，直到 1980 年代，英國政府才把不明飛行物的相關記錄才視為「值得永久保存」。

這些檔案，不少是平民的目擊彙報，他們往往把見聞告知皇家空軍、機場或警察局，然後上述部門再把個案向向國防部報告。另外，相關文件包括英國官方 UFO 政策的大量資訊，包括政策是如何制定、由誰制定、如何演變。各部門之間流傳許多內部參考資料和通信，特別是國防部、氣象辦公室、英國皇家空軍戰鬥機司令部和科學技術情報局。

此所以，英國國家檔案館現存的 UFO 記錄，打從二戰後 20 年，都是零散不全的。而 1962 年以降的相關 UFO 文件則得以保存及審查，最終轉移到英國國家檔案館。

註 1 英國國家檔案館 AIR 1/2455 和 AIR 1/2456 檔案

註 2 英國國家檔案館 DEFE 41/74

註 3 英國國家檔案館 PREM 11 / 855

英國空軍及國防部對UFO的調查

列宇翔

對一般人來說，UFO 或許只是茶餘飯後的話題，但對各國政府來說，這事關乎國防安危。儘管官方往往矢口否認，但隨著歷史檔案披露，真相才得以逐漸浮現。

1998 年，當英國科學情報局 / 聯合技術情報委員會（DSI/JTIC）的會議記錄發佈時，「飛碟工作組」之名才出現在大眾眼前。「DSI/JTIC」轄下的「飛碟工作組」，成員包括來自三個軍方部門的五名情報官員，由國防部旗下的科學情報部門領導，並由海軍部科學情報負責人 G. L. Turney 擔任主席。所有成員皆是科技情報領域專家。

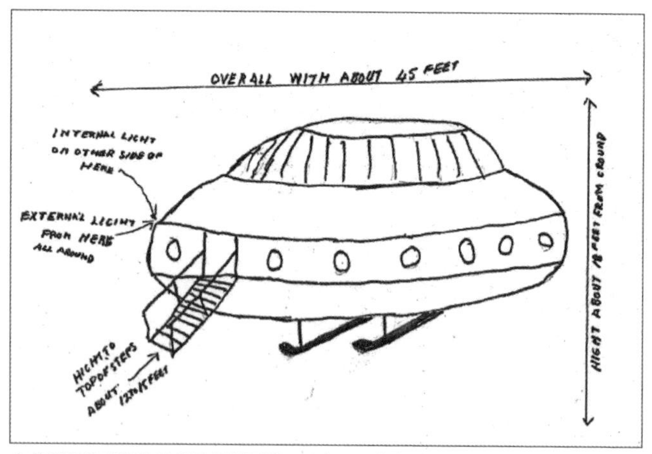

向英國國防部報告的目擊事件圖紙，圖中UFO擁有猶如滑雪板的支架。
(credit: The National Archives UK)

飛碟工作組的結果

從會議記錄可見，與會者在討論研究職權範圍。最終版本如下：

1.審查「飛碟」報告中的現有證據。
2.檢查起源於英國的「飛碟」目擊報告所憑依的證據。
3.必要時向「DSI/JTIC」報告。
4.密切了解美國的 UFO 事件，和對此類事件的評估。與美國保持聯繫，並對其進行評估。

飛碟工作小組翻查所有 UFO 的報告，並調查英國皇家空軍戰鬥機司令部上報的目擊事件。其中，範堡羅皇家飛機公司的一組試飛員曾報告某種空中奇異現象，也受到飛碟工作小組調查。

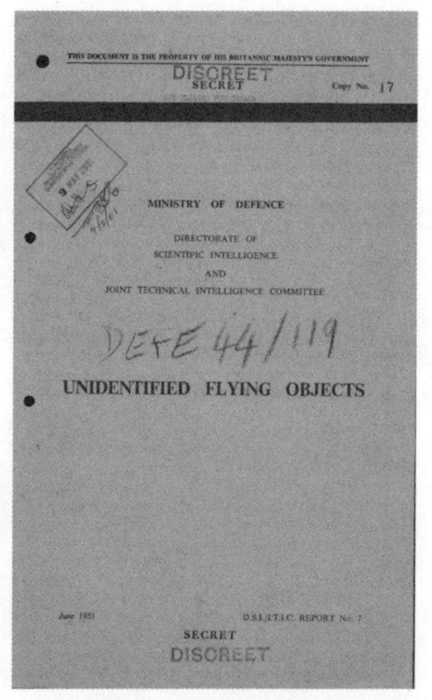

THIS DOCUMENT IS THE PROPERTY OF HIS BRITANNIC MAJESTY'S GOVERNMENT

DISCREET

SECRET

Copy No. 17

MINISTRY OF DEFENCE

DIRECTORATE OF
SCIENTIFIC INTELLIGENCE
AND
JOINT TECHNICAL INTELLIGENCE COMMITTEE

DEFE 44/119

UNIDENTIFIED FLYING OBJECTS

June 1951

D.S.I./J.T.I.C. REPORT No. 7

SECRET

DISCREET

1951年6月題為《UNIDENTIFIED FLYING OBJECTS》的「秘密/ 保密」檔案
(credit: The National Archives UK)

因應謝菲爾德大學的 David Clarke 博士於 2001 年根據《獲取政府信息的行為準則》提出的要求，結果同年在國防部檔案中發現了一份長達六頁的倖存報告副本。1951 年 6 月，工作組製作了一份簡短的終極報告，載於一份日期為

1951年6月的文件，名稱為「DSI/JTIC報告第7號」，標題是「不明飛行物」，並歸類為「秘密/保密」(Secret / Discreet)。

報告的結論是，所有UFO目擊事件，只不過是把自然現象或一般物體誤認作不明飛行物體，某些個案甚至是惡作劇。「DSI/JTIC」建議將此份報告訂為「最終報告」，並立即解散工作組：「我們強烈建議不要對神秘空中現象作進一步調查，除非獲得一些物質證據。」於是國防部的第一個不明飛行物研究項目由此終結。

令人費解的是，其時英國飛碟工作組嚴重依賴美國中央情報局及美方空軍的「Grudge項目」之UFO情報。而美國的一貫政策是，把坊間的飛碟傳聞形容為「不實」並揭破，同時限制向公眾發佈UFO訊息，尤其是軍方、武裝部隊等所目擊的事件。

1951年，中央情報局科學情報辦公室助理主任哈里斯·馬歇爾·查德威爾博士出席了DSI/JTIC會議，當時「第7號報告」已提交予國防部。這份貌似平凡的報告，不知何解在國防部內受到限制，流通不廣，只得一份副本發送給亨利·提扎德爵士。

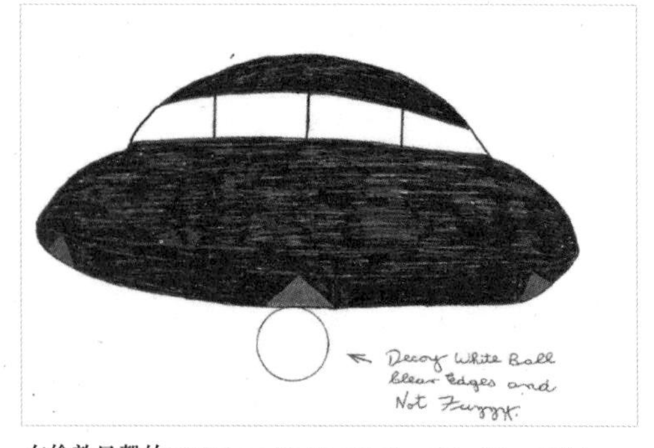

在倫敦目擊的UFO (credit: The National Archives UK)

1952-1957 涉及軍方目擊 UFO 事件
國防部重新考慮政策

儘管飛碟工作組於 1951 年解散，但官方對 UFO 保持關注。其後，在 1952 年至 1957 年間，英國本土再發生一連串不明飛行物事件，它們有別於普通個案之處，在於這系列事件皆涉及軍方！加上越來越多大眾目擊報告，迫使國防部重新考慮其政策。

翌年夏天，世界各地又掀起了新一波 UFO 目擊事件。1952 年 7 月，隨著冷戰緊張局勢加劇，美國首都華盛頓的雷達探測到不明飛行物，促使美國空軍緊急部署噴氣攔截機。這場恐慌成為全球各地的頭條新聞，並促使丘吉爾向空軍發出關於「飛碟」的著名備忘錄。

快過流星的不明飛行物
空軍正式承認UFO

1952 年 9 月，北大西洋公約組織（北約）在歐洲進行一次重大演習，期間再有軍人目擊 UFO。一組沙克爾頓機組人員報告說，看到一個銀色圓盤出現在北約克郡皇家空軍托普克利夫的機場上方掠過。英國皇家空軍 269 中隊的約翰·基爾伯恩中尉向基地指揮官提交一份報告，記述他看到該不明物體跟隨 5 Meteor 噴氣機下降，繞著自己的軸旋轉，然後加速離開。令人吃驚的是，銀色圓盤的速度「超過流星」（註2）！

報告如是說：「流星在大約 5,000 英尺處，從東邊逼近。帕里斯

YORKSHIRE Evening Press LATE CITY

No. 21,800　SATURDAY, SEPTEMBER 20, 1952.　A KEMSLEY NEWSPAPER.　2d.

BEN JOHNSON & CO. LTD.

WORK OF QUALITY AND RELIABLE SERVICE

IDEAL LAUNDRY

TOPCLIFFE AIRMEN SIGHT A "FLYING SAUCER"

"Incredible Speed"

THE captain of a Coastal Command Shackleton aircraft at R.A.F. Station, Topcliffe, to-day told an "Evening Press" reporter about the "flying saucer" which he saw while he was standing near a hangar on the station.

He is Flight Lieutenant John William Kilburn (31), of Thornhill, Cumberland, who has been in the R.A.F. for 16 years, 11 of them as aircrew. He said: "I noticed a white object and assumed that its height was between 10,000 and 20,000 feet. It was five miles astern of a Meteor jet aircraft. It was silver in colour, circular in shape and looked to be solid. The sun was glistening on it.

"It appeared to be travelling at a much slower speed than the Meteor but on a similar course. It maintained its slow forward speed for several seconds before it started to descend, then began swinging with a pendulum action, something similar to a falling sycamore leaf.

"I thought it might be a parachute or an engine cowling at first sight.

"The Meteor turned towards Dishforth and this object followed suit. After a few seconds it stopped its pendulum motion and started to rotate about its own axis. It then made off at an incredible speed towards the west turning south-east before disappearing."

MATTER OF SECONDS

Flu? Grin And Bear It

A COMMITTEE of the World Health Organisation has spent five days discussing influenza, and its verdict—the world cannot control influenza.

The chairman, M. Pierre Lepine, reported that there are so many different types of influenza virus that experts never know which type of vaccine to prepare in advance.

The development of an epidemic is too swift for a vaccine to be prepared in time to deal with a particular outbreak.—B.U.P.

£500 Bail For Estate Agent

12 Months For Crystal-Gazer

A CLAIRVOYANT, John D'Arcy (36), was sentenced to 12 months' imprisonment to-day, at Hastings Borough Quarter Sessions, and Ray Metcalf (31), a writer, to six months' imprisonment, on charges of conspiring to defraud a widow, who, it was stated, was told during a crystal-gazing incident at Bexhill that she would "marry a dark young man."

CAR OUTPUT, EXPORTS ARE DOWN

《約克郡晚報》(Yorkshire Evening Press) 1952年9月的頭條新聞

中尉突然注意到天空中有一個白色物體，位於在流星號後約五英里處，高度在十到兩萬英尺之間。該物體呈銀色、圓形，運行速度似乎比流星慢得多，但路線相似。它在開始下降之前，有幾秒鐘前進速度十分緩慢，而在下降過程中，其擺動幅度類似於在空中飄蕩的梧桐葉。起初，它被視為降落傘或發動機整流罩。同一時間，一顆流星轉向 Dishforth。又過了幾秒，UFO 停止了擺動和下降，開始繞著自己的軸旋轉。突然，它以難以置信的速度向西加速，比流星還快，之後轉向東南方，未幾消失不見了。這一切只發生在十五到二十秒之間。我以前從未見過如此現象。該物體的行進模式，無法用空中可見的任何東西來識別，其加速速度令人難以置信。」

根據藍皮書計劃的愛德華・魯佩爾特上尉（Capt Edward Ruppelt）的說法，正是托普克利夫空軍機場的目擊事件，促使英國皇家空軍正式承認了不明飛行物。不久之後，空軍決定永久監測不明飛行物。空軍參謀長將職責委派給「情報副總局」［DDI（技術）］內的分支機構——AI3。

藍皮書計劃的愛德華· 魯佩爾特上尉透露，「托普克利夫空軍機場」事件使英國皇家空軍正式承認不明飛行物。

皇家空軍目擊三隻碟形 UFO

1952 年是英國 UFO 的多事之年，英國皇家空軍雷達上異狀百出。

1952 年 10 月 21 日，一名飛行教官和皇家海軍學生看到了三個碟形不明飛行物，當時他們在格洛斯特郡（Gloucestershire）小里辛頓的英國皇家空軍中央飛行學校上課，正在一架流星噴氣式飛機上進行訓練。

在空中情報部門服役擔任飛行中尉，軍方生涯以空軍准將軍銜頭退役的邁克爾斯威尼（Swiney）清楚憶述這次遭遇。當時，流星噴氣式飛機正在大約 12,000 英尺高空穿過雲層，這些碟形物體赫然出現眼前。最初斯威尼還以為是三個降落傘。而他的學生大衛克羅夫茨中尉同樣見到橢圓形、彩虹色的板狀物體，就像一面反射太陽光的圓形玻璃片。

斯威尼不得不放棄是次飛行訓練，並向地面控制室報告現象。

這些「飛碟」起初是靜止的，之後看似改變了位置，然後消失不見。隨後，斯威尼得知戰鬥機司令部緊急出動戰機，以攔截這些不明飛行物。斯威尼坦言當時很害怕：「也許這是超自然的事情，當著陸時，有人告訴我，我看起來好像見到鬼魂。我立即想到了碟子，因為它們實際上就是這個樣子……我甚至在日誌中寫下一個條目，上面寫著：『碟子！…… 三個『飛碟』在高處被雷達確認。」

在小里辛頓 (Little Rissington) 著陸後，斯威尼與大衛被命令留在宿舍。第二天，一個空軍部小組到達，要求二人畫出所見情景。兩人被告知，空中情報部門與英國周邊所有可能擁有這種飛機的國家溝通，意圖搞清事件，結果一無所得。司令部所派出的戰機，以高速向東飛行，但什麼也沒看到，隨後返回基地。但其雷達上，的確顯示有不明飛行物。

儘管有確鑿證供，但這驚人事件一如慣常為人掩蓋。斯威尼退休後，曾向國防部查詢，希望索取關於此事的原始報告副本。他發現 1962 年以前大多數 UFO 記錄均遭例行粉碎，大感驚訝。

幸運地，如今英國國家檔案館仍殘存一份附於飛行學校運營記錄簿中的參考資料，記錄著二人如何看到三個神秘的「碟形物體」在大約 35,000 英尺高空高速飛行，同時進行高水平的導航練習。該檔案亦記載，空中交通管制部後來的報告裡列載雷達圖，印證了飛行學校的報告真確性。但空軍部立場是：否認任何「地外物體」的可能性。

1953 年空軍積極參與調查 UFO

1953 年 12 月，戰鬥機司令總部向所有英國皇家空軍基地發出命令，未來遇到任何特殊空中現象，應直接給空軍部 DDI（Tech）報告，以作進一步調查。該命令稱，所有空軍人員和雷達站的目擊細節，必須受到仔細檢查，並「正式控制其發佈」。另外，航空部發信函要求，所有報告均應歸類為「受限」，並警告人員不得向官方以外的任何人傳遞所觀察到的信息，除非得到官方授權。

DAILY MIRROR, Wednesday, Sept. 30, 1953 PAGE 7

WHAT DO YOU THINK OF THIS FANTASTIC STORY?

'I met a Flying-Saucer man from Venus'

A MAN named George Adamski announces to the world today that he has talked with a man who pirouetted down to earth from the planet Venus in a Flying Saucer.

Most people laugh at Flying Saucers. But, as Adamski recalls, everyone laughed when Columbus set out to prove the world was round.

CLAIMS

George Adamski

RETURNED

WHAT DO YOU THINK?

《Daily Mirror》在 1953 年 9 月 30 日報道有人聲稱遇到從飛碟出來，來自金星的外星人。

飛碟工作組於 1951 年建議停止調查 UFO 事件；到 1953 年，此建議被推翻了。空軍部轄下的參謀部文職秘書處部門 S6，以及空軍技術情報部門 DDI（Tech）皆積極參與調查 UFO 目擊事件。他們的任務是研究和調查 UFO 現象，尋找對英國構成任何威脅的證據。

自 1953 年起，全英國一切關於 UFO 的彙報，都會發送到 DDI (Tech) 進行「檢查、分析和分類」，並聽取戰鬥機司令部、氣象局和皇家格林威治天文台各種專家意見。DDI (Tech) 每年會向空軍參謀部提交一份「按類型總結所有 UFO 目擊事件」的特別報告。資料顯示，不久之後兩名英國皇家空軍軍官前赴位於俄亥俄州萊特的「藍皮書計劃基地」進行交流，期間，有人承認在「Mainbrace 行動」(註3) 期間目擊事件「導致英國皇家空軍正式承認不明飛行物」。

空中情報部門會審查所有 UFO 報告。報告以表格形式登記，其中紀錄多項資料：目擊者的地址、目擊物 (即氣球、飛機、導彈、天文現象等) 的高度、速度、形狀、大小、顏色、日期 / 時間和目擊地點，再加上其他備註。

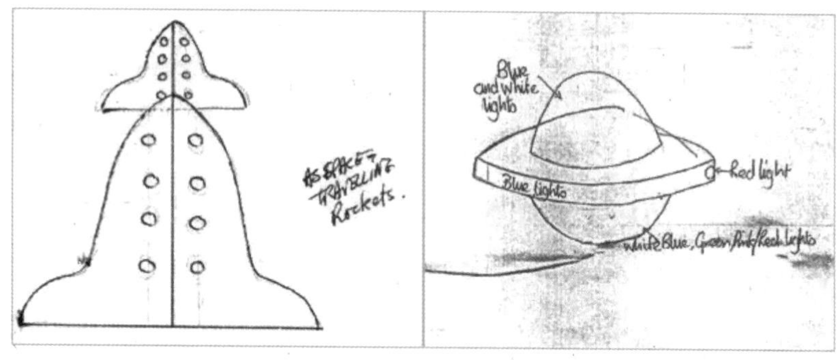

UFO目擊手繪圖，上面包括一艘火箭動力飛船和一艘帶有彩燈的飛船。
(credit: The National Archives UK)

一成事件「無法解釋」

1955 年 5 月，保守黨議員帕特里克· 沃爾少校在議會詢問航空國務大臣是否會發表「航空部最近完成的飛碟報告」，令這一研究報告曝光。 空軍部長喬治 · 沃德 (George Ward) 回覆稱：「關於『飛碟』以及任何空中異常物體的報告，會在它們出現時進行調查。」據報告顯示，大約 90% 的目擊個案是流星、氣球、耀斑和其他自然現象，另外 10% UFO 目擊屬於「無法解釋」，空軍部把原因歸咎於「缺乏數據」(註4)。空軍部門認為，總有機會觀察到具有革命性設計的外國飛機。直到冷戰結束，空軍部的立場依然：「沒有具體證據表明地外文明的存在」。

國防部「不明飛行物辦公桌」成立

自 1958 年起，DDI (Tech) 的空中情報人員會調查可靠的報告，並向 S6 (Air) 的人員提供「技術援助」，後者則負責處理 UFO 公共信息，回答公眾、媒體和國會議員的問題。這次行政重組，促使了英國國防部成立「不明飛行物辦公桌」。

1964 年，空軍部成為新國防部的一部分，陸軍、海軍和英國皇家空軍的三個獨立的情報部門合併，S6 的 UFO 職權移交到新的國防部秘書處 S4 (空軍)，過去所調查、具有國防意義的 UFO 事件，職責由國防情報部門 DI55 繼承。

DI55 參考美國空軍的問卷，把目擊事件作出正式分類和整理：

(a) 目擊的日期、時間和持續時間

(b) 對象描述

(c) 精確位置觀測器

(d) 如何觀察

(e) 首次看到物體的方向

(f) 視角

(g) 距離

(h) 運動

(j) 觀測期間的氣象條件

(k) 附近物體

(l) 向誰報告（警察、軍事組織、新聞界等）

(m) 舉報人的姓名和地址

(n) 可能自願提供的線人的任何背景

(o) 其他證人

(p) 收到報告的日期和時間

(q) 是否要求回覆？

許多目擊事件都被匯編成報告，有公眾在 1961-1963 年間的目擊報告、空軍的報告和剪報、1972-1973 年的民間報告等。其中 AIR 2/19125 檔案是由英國皇家空軍 Patrington 編制的 UFO 目擊事件集合——它被稱為異常事件報告（UFO），當中包括 1968 年至 1973 年間來自英國皇家空軍帕特靈頓等地的平民、警察和各種飛行人員的報告收集。

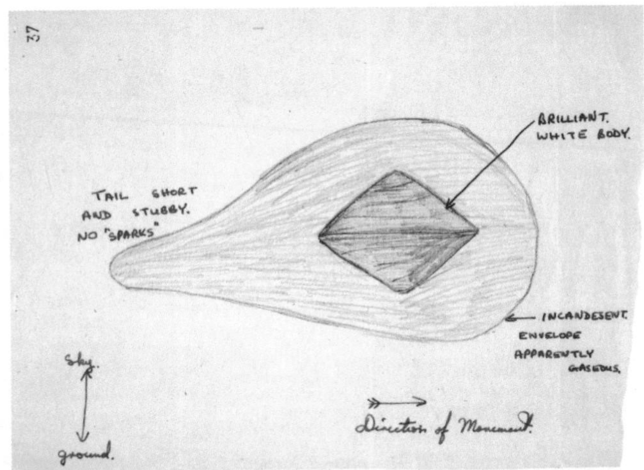

英國國家檔案館編號 AIR 20-12058 圖紙（credit: The National Archives UK）

神秘的「飛行十字架」

比較特別的報告是 AIR 20/11889 和 AIR 20/11890，當中包含 1967 年 10 月期間警察和其他目擊者在德文和蘇塞克斯等地看到的「飛行十字架」彙報。另外，AIR 2/19083 包含 1974 年 1 月在北威爾士報導的伯溫山 UFO 事件概要。

註 1 英國國家檔案館 DEFE 44/119
註 2 英國國家檔案館 AIR 16/1199
註3「Mainbrace行動」於1952年9月13日開始，歷時12天，根據北約的資料，總共有8個北約國家和紐西蘭的軍隊參與龐大實彈演習，地點是北海靠近挪威海附近，指揮官是英國海軍上將派屈克· 布林德爵士，期間多國人員都目擊到不明飛行物。
註 4 英國國家檔案館 AIR 2/16918

英國國防部UFO檔案

列宇翔

自 1959 年至 2007 年的 48 年間，DI55、空軍 S4 和其他國防部分支機構，共記錄了超過 11,000 份 UFO 報告。逾萬份報告，累積大量數據，卻直至近代英國才予以詳細研究。

1967 年，英倫出現又一波 UFO 目擊事件後，英國政府面對一連串關於其 UFO 調查和政策的議會質詢。為了回應公眾疑慮，S4（航空）負責人 James Carruthers 為航空國務卿 Merlyn Rees MP 製作了一份詳細的簡報。報告顯示，國防部對自 1959 年以來收到的不明飛行物報告作統計分析，並沒有發現任何證據顯示「不明飛行物」屬於超自然現象，國防部更認為，政府部門、大學，甚或其他獨立組織的研究，所涉及的支出、時間和金錢皆是不合理的。（註1）

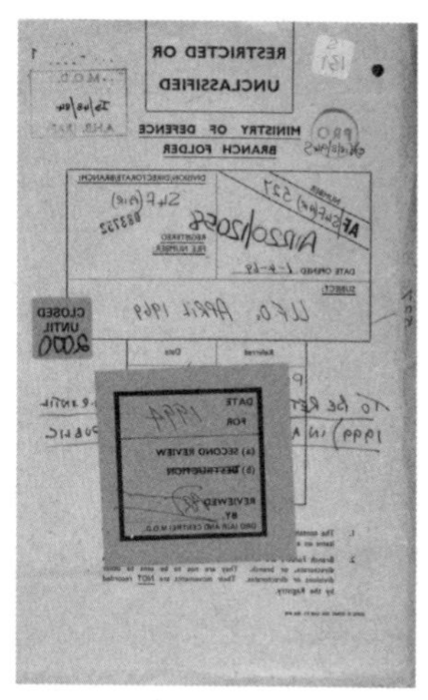

基於「信息自由法」（FOI）而披露機密檔案副本

國防部稱不值得繼續研究

英國防部聲稱：

-大約 90% 的 UFO 現象，已給證明與普通現象有關。

-過去 20 多年內，對 UFO 所作研究，並未令該國增進科學知識。
-進一步廣泛研究不明飛行物目擊事件是不合理的。
-研究中，並無證據表明 UFO 可能構成國防危險。
-國防部應繼續在其正常監視行動中處理 UFO 報告，而不需要設立特殊單位，如藍皮書計劃。

自1969 年 12 月康登報告發表後，美國空軍關閉了藍皮書計劃。在英國，國防部乘機利用這點來減少處理不明飛行物的工作量。從 1973 年開始，報告目擊事件的公眾只會得到禮貌性的回應。不過，國防部決定繼續保持對 UFO 的關注，以便回答國會議員提問，並在必要時向公眾保證 UFO 不會對國防構成威脅。

1978 年夏天，克蘭卡蒂勳爵 (Brinsley le Poer Trench) 提出一項動議，呼籲英國政府展開調查，並要求國防部長就 UFO 發表電視演說。克蘭卡蒂相信國防部掌握 UFO 來自外星的證據，並確信他們向公眾隱瞞了真相。於是，UFO 成為英國上議院在 1979 年的長期辯論主題。

克蘭卡蒂勳爵 (Brinsley le Poer Trench) 提出一項動議，呼籲英國政府展開調查

在上議院，英政府的回應，乃由退休皇家海軍軍官和工黨同行斯特拉博吉勳爵發表的。「……有關不明飛行物的真相，真相很簡

單。天空中確實有很多奇怪的現象，這些都是有理性的人匯報的。但是很多個案均可以自然現象解釋。沒有什麼可以向女王陛下政府暗示這些現象是外星飛船」(註2)

國防部檔案

UFO目擊事件的官方報告、分析和記錄始於1950年代初，但國家檔案館的大量記錄始於1962年。保存在英國國家檔案館的文件，紀錄了英國政府官方政策，及不同人士的態度，及飛碟工作組報告的副本。附在一份日期為1988年的文件註釋寫道：「根據部長的指示，所有UFO文件都將永久保存，考慮到對此主題的公眾利益」。而那當中，包括著名的倫德爾舍姆森林事件。

倖存的記錄通常由四類材料組成：

1) 飛碟政策；

2) 議會事務，包括對議會問題(PQ)和議會質詢(PE)的答覆；

3) 公開信函；

4) UFO目擊報告

歷來向國防部報告目睹UFO的人來自不同階層，除了公眾的書信，更值得令人重視的是警方、海岸警衛隊和民航局(CAA)等官方來源的匯報。許多報告皆採用國防部通過各種RAF和RN站接收的軍事信號形式，最常見方法是通過標準形式，那是一種蛻變自美國空軍的問卷。據悉英國國防部至今仍在使用改版後的問卷，箇中包含16條問題：

(1) 觀測的日期、時間和持續時間

(2) 物體的描述

(3) 觀察者的準確位置

(4) 如何觀察

(5) 首次看到物體的方向

(6) 視角

(7) 距離

(8) 運動

(9) 觀測期間的氣象條件

(10) 附近物體

(11) 向誰報告(警察、軍事組織、新聞媒體等)

(12) 線人的姓名和地址

(13) 任何可能自願提供線人的背景

(14) 其他證人

(15) 收到報告的日期和時間

(16) 是否要求答覆?(這一項從 1973 年起已刪除)

信息自由法　不得不披露

自 2005 年以來,國防部繼續根據《信息自由法》收到的請求而公開這些資訊。2008 年,國防部宣佈他們打算將所有關於 UFO 的剩餘記錄轉移到國家檔案館。這批資料包括由 1979 年至 1991 年間的 27 份 UFO 文件,於 2008 年通過國家檔案館向公眾開放。最近一次添加檔案是在 2012 年 7 月。

1975年英國民眾送交空軍部的 UFO 目擊繪圖。(credit: The National Archives UK)

2011 年 3 月，國家檔案館開放了七份包含與 UFO 事務相關的信息自由法案要求的文件。 而在國家檔案館發佈的第 10 份也是「最後一份」國防部 UFO 檔案裡，記載目擊事件共 25 份達 4300 頁的文件，主要涵蓋 2008 年至 2009 年。

為什麼在 UFO 目擊個案越來越多的近代社會，英國當局基於「信息自由法」而不得不把相關檔案解密，卻又令人訝異的發佈所謂「最後一份」UFO 檔案？這緣於十多年前國防部一個獨斷獨行，極度耐人尋味的的決定……

國防部關閉 UFO 服務台

2009 年 11 月 11 日，英國皇家空軍司令部的卡爾．曼特爾 (Carl Mantell) 向國防部長鮑勃．安斯沃思 (Bob Ainsworth) 作簡報，提議國防部「應該減少 UFO 調查任務，因為它消耗越來越多的資源，但不會產生有價值的防禦輸出。」空軍司令部向鮑勃強調，50 多年來，沒有跡象顯示 UFO 目擊事件可證明外星文明存在，或對英國產生軍事威脅，故此由官方記錄、整理、分析或調查不明飛行物目擊事件，對國防沒有利益。

這張1977年的圖描繪一隻 在土星附近的 UFO
(credit: The National Archives UK)

歷來，英國民間一直有聲音呼籲政府披露不明飛行物的「真相」。2004年，英國實施《信息自由法》，僅僅一年後，國防部便收到了 199 份關於披露 UFO 資訊的要求。接著的幾年內，每年均有過百宗類似的正式申請。

一則有趣的信函值得注意：一個電台採訪了一名美國宇航員，

那人揚言「羅茲威爾墜機事件是真實的，某些官方與外星人接觸的傳言是真實的，並且一直在進行中，但這一切均被政府掩蓋了足足60 年……」2008 年 8 月 11 日，有國民給時任英國首相寫信，詢問英國政府是否知道宇航員的指控，又問「你是否相信英國人民有權知道，我們的世界是否已經接觸到外星文明？」

國防部回覆了這封信，稱當局「對涉及 UFO 的現象持相當公開的態度」，並指出將所有 UFO 檔案轉移到國家檔案館。2007 年下旬，國防部宣佈將 160 份關於 UFO 的記錄轉移到國家檔案館，目的是回應公眾對 UFO 日益關注，並藉此消除公眾謠傳國防部涉及 UFO 陰謀論，減少外界的不理智的猜測。2008 年，國防部副國務卿鮑勃批准轉移相關檔案。

國防部長於 2007 年撰寫的報告指出，「二戰結束以來，國防部一直負責記錄和調查 UFO 目擊事件。與公眾所認為的相反，國防部對外星生命有沒有到訪英國不感興趣，關注此現象只為確保英國領空的安全及完整性」，並相信那些 UFO 目擊報告可以科學理性來解釋，例如飛機燈光或自然現象。

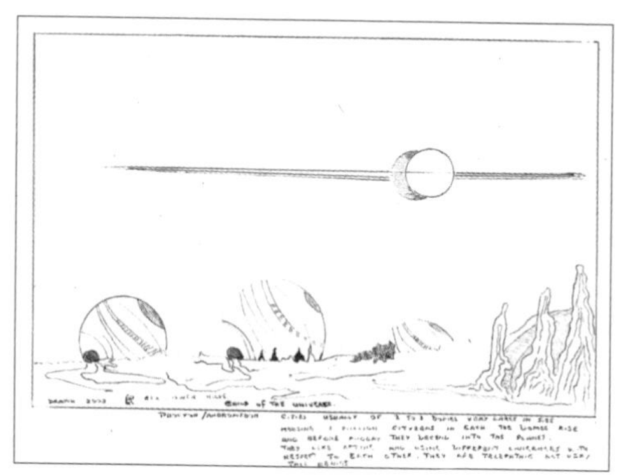

此圖描繪了外星飛行器降落在野外，2004。
(credit: The National Archives UK)

於是，國防部於 2009 年 11 月決定關閉「UFO 服務台」並取消 UFO 熱線，結束了近 60 年的收集、分析和在調查天空中神秘事物的目擊事件。2010 年 1 月，該部委任了最後一名「UFO 主管」，並致函民航局，指示運輸部或空中控制中心，日後收到任何報告，都不要轉發給國防部，強調將不再進行調查，即使目擊事件來自更可靠之來源。又寫信給內政部，取消對警察的長期指示，因英國警方過去經常將官員和公眾看到的 UFO 目擊事件轉發給國防部。

該文件顯示，國防部決定關閉「UFO服務台」時，事先並未與其他政府接觸，遑論作出諮詢了，理由是避免日後相關文件公開時，會被「不明飛行物學家」視為國際間的陰謀。2010 年，最後一名 UFO 服務台主管調任另一崗位，昔日文件則轉移到國家檔案館。

究竟英國國防部是真的從此無視所有 UFO 現象，還是不欲公眾在此問題上投放太多關注，轉移另一種更秘密的途徑去處理？

關閉部門同年 目擊個案大增

詭異的是，就在國防部決定撤銷 UFO 服務台的同年，不明飛行物卻大量「光顧」英國上空。2009 年，國防部收到了 643 宗 UFO 目擊事件，破了歷來紀錄，較 2008 年增加兩倍。而過去 10 年間，目擊次數平均每年僅得 100 至 200 次。以所耗資源計，如果每宗都要記錄歸檔甚至予以調查，確為英國國防部的人力物力帶來巨大壓力，或許這確是他們取消「英國 X 檔案」的原因之一。

於 2008 年在布萊克浦碼頭拍攝到的不明飛行物照片（credit: The National Archives UK）

話說回來，越來越多的不明飛行物出現，基數越大，出現對國防構成威脅的可能性也越大，哪怕只得 1% 個案具潛在危險，即使與外星文明無關，也隨時是敵國飛行器。作為國防部門，理應投放更多資源予以監視才是，怎可能本末倒置，因為「太多個案，所以索性置之不理」？這實在於理不合，說到底國防部的功能究竟是什麼？

因此，極有可能，所謂從此不再公佈及調查 UFO 事件，不公佈是真的，不作調查卻未必屬實，只是轉向地下，更低調穩秘地進行而已。

註1：英國國家檔案館 DEFE 31/119 檔案
註2：英國國家檔案館 AIR 20/12966 檔案

各種不明飛行物的目擊及官方解釋

列宇翔

過去的 UFO 目擊個案，大多是名副其實的「目擊」，缺乏證據，畢竟今時不同往日，現時手機泛濫，人手一部，拍到不明飛行物體的照片及影片比比皆是。個人目睹異像，易受人質疑，「錯覺」、「錯認」與「胡說八道」是質疑者最常提出的說辭。

但英國歷史檔案裡，也有一種證據較為堅實的個案，那就是從雷達顯現的 UFO。

二戰初期，英國皇家空軍的雷達就追踪到無法解釋的現象！

天使與幽靈

1950 年代初期，英國皇家空軍的雷達受到不明來歷的訊號困擾，軍方用「天使」和「幽靈」來命名此現象。它們有時從地面出現，其迴聲模式近似於小型飛機。

然而，當軍方把其視作單獨的回波來進行跟踪，發現它們遵循穩定的航線於 2,000 英尺到 10,000 英尺的高度出現，因此一度誤以為是軍用飛機，但調查後卻又不是 (註1)。令人訝異的是，這些「天使」既可逆風移動，也可急速轉向。

從 1950 年代到 70 年代在美國和英國的各種不明飛行物目擊圖表。
(credit: The National Archives UK)

官方解釋：「天使」是什麼

空軍求助科學家希望解開疑團。內部有兩種意見，各執一詞意圖解釋「天使」之由來。

第一，科學家認為它們是由大氣中異常條件所引起，當一連串條件剛好符合，會產生一團空氣，這團空氣會彎曲和反射雷達波束，令雷達上產生錯誤訊號。這似乎很有可能，但無法解釋某些「天使」如何逆風移動或比測量的風速更快。

第二，天使其實是鳥類。牠們在每年的遷徙過程，往返於繁殖地。當時，會使用雷達來研究鳥類運動的科學家屬於少數，難以說服空軍認真看待此理論。然而，在戰爭期間，沿海雷達站的工作人員將屏幕上的「天使」與肉眼可見的飛行海鳥聯繫起來。某些情況下，大型雀鳥會引起混亂。Barry Huddart 於1957年在戰鬥機司令部總部任職，他回憶一宗事件說：「當時戰鬥機爭先恐後地攔截雷達屏幕上的回波，結果發現是 25,000 英尺高空噴射流中的金鷹（Golden Eagle），非常罕見，但事實如此。」

TOPCLIFFE AIRMEN SIGHT A "FLYING SAUCER"

"Incredible Speed"

THE captain of a Coastal Command Shackleton aircraft at R.A.F. Station, Topcliffe, to-day told an "Evening Press" reporter about the "flying saucer" which he saw while he was standing near a hangar on the station.

He is Flight Lieutenant John William Kilburn (31), of Thornhill, Cumber-

Flu? Grin And Bear It

A COMMITTEE of the World Health Organisation has spent five days discussing influenza, and its verdict—the world cannot control influenza.

The chairman M. Pierre

12 Months For Crystal-Gazer

A CLAIRVOYANT, John D'Arsy (36), was sentenced to 12 months' imprisonment to-day, at Hastings Borough Quarter Sessions, and Ray Metcalf (31), a writer, to six months' imprisonment, on charges of conspiring to defraud a widow, who, it was stated, was told during a crystal-gazing incident at Bexhill that she would "marry a

CAR OUTPUT, EXPORTS

1952 年 9 月，在北約演習期間，英國皇家空軍沙克爾頓機組人員在約克郡看到「飛碟」成為新聞頭條。

時至 1957 年，戰鬥機司令總部非常關注「天使」問題，下令研究部門進行秘密調查。研究項目為期兩年，旨在將雷達科技能與鳥類學家的專業知識相結合。小組選定東海岸的英國皇家空軍雷達站，要求該站把雷達相機膠片送交分析，同時測量各種鳥類的迴聲面積，以進行某種實驗。

之後他們將調查集中在諾福克北部海岸的 RAF Trimingham 雷達站，因為該站是首批配備新型強大雷達的 80 型雷達之一，正好亦經常報告「天使」出沒。鳥類學家大衛・拉克（David Lack）用它來跟踪「天使」迴聲一年，他的研究表明，最頻繁的「天使」活動發生在春秋二季，通常出現於天氣平靜的夜晚，那是鳥類在海面上遷徙的好日子。拉克證明雷達操作員實際看到的，其實是成群小鳥遷徙到東英吉利和歐洲大陸。這些觀察結果，令英國皇家空軍得出結論，雷達上的大多數「天使」迴聲畢竟是由鳥類引起的。

舊型號的戰後雷達，對包括「天使」在內的一系列自然和不尋常現象的較為敏感。後來雷達技術日新月異，消除了困擾舊系統的「噪音」迴聲，加上運用電腦分析，把屏幕上任何不像飛機的東西移除，雷達上有關不明飛行物的報告就越來越少了。

雷達上的 UAP

正如前述，隨著雷達及電腦程式日趨先進，因錯判而誤認為是 UFO 的個案有所下降，但這不代表絕跡。時為 1993 年，雷達上又出現不明飛行物蹤跡。一位退休的英國皇家空軍飛行中尉，當年目睹英

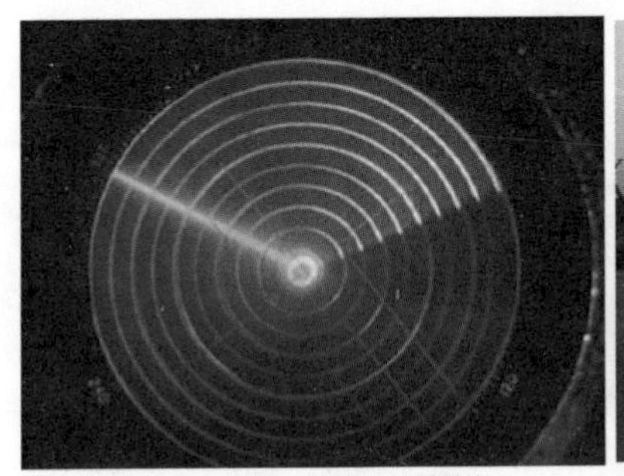

雷達顯現的UFO 個案，備受官方所關注。

RAF Trimingham 雷達站 (CC BY-SA 3.0, wikimedia)

國皇家空軍萊納姆機場雷達，追蹤到不明飛行物（註2），其時兩名安全巡邏成員也目睹了這種現象。

另一份檔案描述了一位前國民服役人員的證言，他憶述 1953 年在伊斯特本附近的比奇黑德看到雷達上一個不明「光點」。另外，有人報告於 2007 年 12 月在朴茨茅斯的 Portsdown Hill 附近見到 UFO 沿著一架客機的路徑穿過。北約官員向英國國防部提交調查。英國皇家空軍解釋說，他們研究雷達磁帶後，認為 UAP 可能是同一地區以較低高度飛向客機的一隻輕型飛機而已。

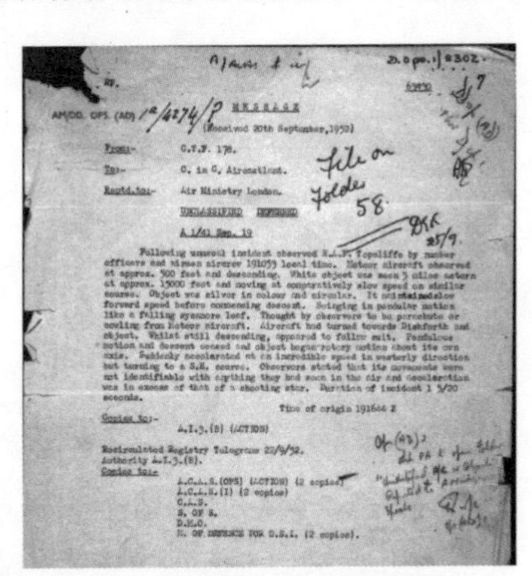

AM/DO. OPS. (AD) 1a/4274/P

MESSAGE

(Received 20th September, 1952)

From:- C.T.F. 178.

To:- C. in C. Airnestlant.

Reptd. to:- Air Ministry London.

UNCLASSIFIED DEFERRED

A 1/41 Sep. 19

Following unusual incident observed R.A.F. Topcliffe by number officers and airmen aircrew 191053 local time. Meteor aircraft observed at approx. 500 feet and descending. White object was seen 5 miles astern at approx. 15000 feet and moving at comparatively slow speed on similar course. Object was silver in colour and circular. It maintained slow forward speed before commencing descent. Swinging in pendular motion like a falling sycamore leaf. Thought by observers to be parachute or cowling from Meteor aircraft. Aircraft had turned towards Dishforth and object. Whilst still descending, appeared to follow suit. Pendulous motion and descent ceased and object began rotary motion about its own axis. Suddenly accelerated at an incredible speed in westerly direction but turning to a S.E. course. Observers stated that its movements were not identifiable with anything they had seen in the air and acceleration was in excess of that of a shooting star. Duration of incident 1 5/20 seconds.

Time of origin 191644 Z

Copies to:-

A.I.3.(B) (ACTION)

Recirculated Registry Telegram 22/9/52.
Authority A.I.3.(B).

Copies to:-

A.C.A.S.(OPS) (ACTION) (2 copies)
A.C.A.S.(I) (2 copies)
C.A.S.
S. OF S.
D.M.O.
M. OF DEFENCE FOR D.S.I. (2 copies).

File on Folder 58.

1952 年分發給空軍情報部門的檔案。

21 世紀的目擊事件

來到 21 世紀，民眾目睹 UFO 而把目擊公諸於世的個案就更多了，絕大多數目擊事件都是非常實際的物體。

漂浮的光團

在 2008 年至 2009 年，這時候手機已經普及，不少 UFO 照片都是由手機所拍攝的。目擊者往往不是什麼 UFO 愛好者，他們可能正於炎炎夏夜與友人在燒烤，又或正在享受熱水浴，透過玻璃窗看到天上有點奇怪的東西。有些情況是，拍照時他們根本沒看到什麼，只是翻看照片覺得事有蹊蹺。當時，英國國防部 UFO 服務台仍未關閉，UFO 熱線尚存，熱心的英國人便會把這些第三類接觸彙報上去。其時，一系列來自電話鏡頭的圖片，於英國地方報紙接二連三刊登出來。其中一款較常出現的不明物體，是一種飄浮空中的橙色燈光。目擊者以「驚訝」、「震驚」甚至「害怕」來形容見到橙光的心情。

2007 年 12 月 8 日，一個五人家庭見到兩團呈三角形的琥珀色、橙色和白色光團，在南威爾士的尼思谷上空移動。根據證言，「燈是安靜的，以一種不尋常的方式移動，就像羽毛或軟木塞在水上漂浮。」看到此情此景，家庭成員立即把車停在路邊觀看，感到非常驚訝 （註3）。

2008 年 6 月，什羅普郡特恩希爾軍營的皇家愛爾蘭團發生士兵目擊 UFO 事件。軍人們形容，這些光團物體呈球狀、橙色，不時出現於天空裡，以擺動方式移位，移動時完全無聲。其中一名軍階為下士的士兵，用手機拍下這些物體的影像，他形容所見為「像一個放大的立方體，然後變平」。之後他聯繫新聞媒體，結果這故事出現在 2009 年 6 月 25 日報章頭版，標題為「外星軍隊」(註4)。

Alien army

SOLDIERS' UFO SIGHTING IS LATEST TO BAFFLE UK

EXCLUSIVE by ANDREW PARKER and JOHN COLES

A SHAKEN soldier told last night how he saw THIRTEEN UFOs spinning in the skies above his military barracks.

Corporal Mark Proctor was among three squaddies who spotted the objects while out on night patrol.

He filmed them on his mobile phone and reported the close encounter to Army top brass.

Ministry of Defence experts were studying his report and video yesterday – after ordering Mark and his pals **NOT** to say anything else about the incident.

"SAUCER FLEET TO MOTHERSHIP...ABANDON EARTH LANDING...FUEL TOO EXPENSIVE ON THIS PLANET!"

2009 年 6 月 25 日報章頭版，標題為「外星軍隊」

官方解釋：中國燈籠(天燈)

同日，一家電視廣播公司報導說，什羅普郡特恩希爾軍營目擊 UFO 事件的謎底已經解開。軍營附近一家旅館的房東聲稱，已經解開了士兵們看到的不明飛行物之謎。他表示，旅館當晚舉辦了一場婚禮，客人放出大量中國燈籠(華文本身的稱呼叫天燈)，故此顯而易見，士兵們所見的是天燈。報導發表後，國防部 UFO 主管告訴陸軍：「我不打算進一步調查，因為我認為我們已經有了答案。」(註5)

2009 年夏天，英國海事部門處理了一連串據悉因「中國燈籠」而引發的誤報。9 月，坎布里亞郡和西北部的海岸警衛隊接到數十個 999 電話，報警者認為自己看到遇險信號。

走筆至此，筆者得作一點補充。這種橙紅色 UFO，近十年八載不時出現，曾於美國科羅拉多州、新墨西哥州，甚至法國巴黎為人目擊。至於古代，中華清代也有至少四次的目擊記錄(註6)。這種 UFO 的特別之處，是不時會「連群結隊」現身。

2010 年 12 月 24 日，有人於聖誕前夕目睹天空出現「一群」紅色 UFO，並把所見拍下來放到網上。那人聲稱肯定不是飛機，而是飛越天空的脈動球體或光線，有些會形成三角形；它們穿過天際，然後淡出。整個過程持續了近20分鐘。從片中所見，現身的 UFO 約十多個。發佈者只稱在自家庭院外拍攝，並未言明身處的國家與城市。

2011 年 3 月 21 日，住在拉斐特十六年，五十歲的 Leroy Vandervegt，與十七歲的兒子目睹三盞「紅燈」懸空停在科羅拉多州拉斐特鎮的夜空。目擊者聲稱，他他們看不到任何連接燈光的東西，並認為那不是一顆衛星、一架飛機，或一架直升機。這三顆紅色發光物體特別之處在於呈三角型，沒有發出噪音。儘管光體的形狀曾發生變化，但仍然保持三角形狀。

外國研究者大多懷疑它們是天燈（chinese lantern）。難道這些連群結隊的橙紅 UFO，真的全都是中國移民思鄉病發，大搞傳統許願玩意而引發的誤會？

「天燈」常被視為 UFO 的「真身」

警用直升機相遇不明飛行物

前文提及，昔日雷達上經常出現「UFO」，惹得軍方大為緊張。有些情況剛好相反，有人目睹不明飛行物，但雷達上竟全無蹤影！

2008 年 6 月，加的夫機場提出一則報告：一個靠近南威爾士的警察直升機，目睹一個「不明小物體」，而雷達上卻沒有看到任何東西。國防部表示，他們沒有收到警方的正式報告。在伯明翰市中心巡邏的警用直升機組人員報告，另一次與「顯示非標準燈光的不明飛機」幾乎相撞，但雷達上同樣毫無顯示。

英國 Airprox 委員會對此作正式調查。調查提出了幾種可能的解釋，包括有人用「無線電遙控模型」亂搞，甚或某人「秘密飛行」故意飛向直升機。然而兩種假說均但無法妥善解釋上述事件。2006 年 8 月，由愛爾蘭空軍直升機組人員在都柏林灣上空第三次目擊同類現象。

一名記者在斯旺西拍攝的不明飛行物圖像

球狀閃電

2009 年 8 月 4 日晚上 9 點 50 分，多塞特郡一位女士從廚房窗戶見到一個大約有足球大小的亮眼白色火球。該光球從敞開的窗戶飛入屋裡，掉進了一個手提袋，隨後出現「令人眼花繚亂的白板閃電」，情況彷如爆炸！但是在廚房裡沒有發現任何燒毀痕跡！那女士彙報事件時，表示非常沮喪和擔心。幸好這位女士沒有任何受傷，爆炸後也再沒有這東西的踪跡。(註7)

2009 年 10 月，來自利物浦的一位女士遇到類似現象，她撥打 UFO 熱線，說「……你能告訴我們這些東西是什麼，因為我的孩子們害怕他們是外星人嗎？我兒子在另外兩次看到這些，非常擔心。」(註8)研究者根據他們所描述，認為這些個案是典型的「球狀閃電」，這是一種非常罕見的閃電形式。

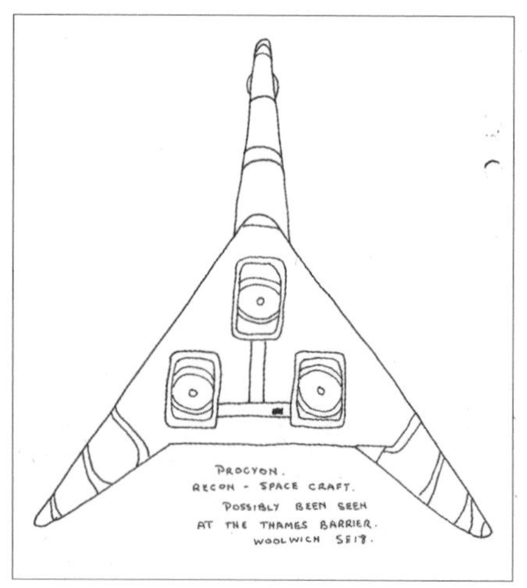

三角型不明飛行物描繪(credit: The National Archives UK)

風力發電機事故

2009 年 1 月，英國小報刊登新聞故事，暗示林肯郡森林的風力渦輪機損壞是與不明飛行物相撞的結果。

國防部表示，他們亦只是通過媒體得知事件，尚未有人向國防部正式報告這一事件：「我們不知道有任何實質性證據表明渦輪機被不明飛行物擊中……除非我們收到飛機或其他物體飛行，有明確進入渦輪機的證據，否則我們不打算調查。」（註9）。

大體而言，官方總能夠用「理性」和「科學」角度去解釋 UFO 事件，但保守如執政政府，也有少數他們難以甚至無法解釋的個案，本書後文續談。

註1：傑克· 高夫（Jack Gough）其英國防空雷達系統歷史《望天》

註2：英國國家檔案館 DEFE 24/2454/1

註3：英國國家檔案館 DEFE 24/2623/1

註4：英國國家檔案館 DEFE 24/2625/1 及 DEFE 24/2624/1

註5：英國國家檔案館 DEFE 24/2625/1

註6：清代道光二十九年八月二十日（公元1849年10月6日）江西省橫峰縣（清朝稱興安縣），這天三更後，東方出現一陣紅光，大小各異的五個「赤球」從天而降，一個接一個的旋轉下降，後來又重新上升。目擊者無不大感駭異。（《興安縣志 · 祥異志》：「道光二十九年己酉八月二十日，三更後，正東赤光見，旋降赤球大小五，綿亘不斷，仍復上升。見者駭異。」）

註7：英國國家檔案館 DEFE 24/2462/1

註8：英國國家檔案館 DEFE 24/2465/1

註9：英國國家檔案館 DEFE 24/2451/1

飛行員集體目擊飛碟事件

列宇翔

官方檔案裡，目擊者所見的「不明飛行物」，經一番調查後，官方往往將它確認為「普通的飛機」。一般民眾缺乏訓練，難以分清飛機或 UFO，倒不出為奇。但若目擊事件發生在飛行員身上，情況便耐人尋味得多。

空中的「鐵餅」

斯坦・哈伯德（Stan Hubbard）是一名經驗豐富的試飛員，在法恩伯勒皇家飛機公司工作。法恩伯勒（Farnborough）是航空業重鎮，每年九月那裡會舉辦業界的年度活動——航空展覽。

斯坦・哈伯德（Stan Hubbard）於 1950 年目擊空中的奇怪現象

1950年8月15日上午，一個乾燥晴朗的夏日，哈伯德飛行中尉沿著機場跑道，正要返回宿舍。途中，他被一種「奇怪的遙遠嗡嗡聲」所吸引。哈伯德轉頭一看，從貝辛斯托克的方向望去，看到一個物體。那東西看起來像鐵餅的側面視圖：「那種我們過去在學校運動會上扔的鐵餅......它左右搖晃非常輕微......但保持非常直的方法。那是什麼？直到今天，它一直非常清晰、生動地留在我的腦海中。」

當鐵餅接近機場時，它發出的聲音強度增強，變成一種「沉重的、佔主導地位的嗡嗡聲，伴隨著壓抑的劈啪聲……」哈伯德強烈地聯想起大型活動發電站內的噪音。

「它是淺灰色的，有點像珍珠母，但很模糊。其表面顯然會反光，當它搖晃時，起來像一個轉動的平底鍋蓋，周邊有光在同時旋轉。」

發光、有聲、有臭氧味

當鐵餅從哈伯德頭頂飛過時，他見到那物體邊緣擁是不同顏色，整個邊緣都閃閃發光，發出一道微小的劈啪聲。「鐵餅」發出強烈的臭氧氣味，令哈伯德產印象深刻。

哈伯德強調，「鐵餅」根本沒有窗戶、舷窗，甚或任何其他特徵。如果說它有什麼特點，就是移動時沒有破風的聲音。「當物體越來越近，從頭頂飛過時，我試圖估計它的大小、高度和速度，但沒有任何易於識別的特徵，讓我很難有把握地衡量這些因素……我猜第一次看到它離地的高度可能在 700 到 1000 英尺之間，由於觀察期間，它似乎一直保持高度，我猜它直徑約 100 英尺。它的行駛速度一定非常快，可能高達 500 到 900 英里/小時。」

哈伯德立即指揮官彙報目擊事件，很快接受國防部飛碟工作小組成員來訪調查。小組由海軍部科學情報主管 G.L.Turney 主持，包括五名情報人員，其中兩名是科學家，另外三名分別代表陸軍、海軍和英國皇家空軍的情報部門。哈伯德憶述被問及：

「它有多高？」、「當時有多大？」、「有多快？」、「它是什麼？」……最直接反映調查小組想知的是：「你認為這個物體是什麼，它從哪裡來？」哈伯德回答說，依他來看，這不是在地球上設計和製造的東西。

再次看到不明飛行物

哈伯德見到 UFO 後兩週，1950 年 9 月 5 日下午，他再次看到了不明飛行物體，他認為是第一次所見的同一物體。這一次，他和其他五名英國皇家空軍飛行員一起在瞭望塔上。一名叫霍克的飛行員從機場南邊天空目睹有物體飛向吉爾福德。「我抓住了旁邊的小伙子，然後說：『嘿，你認為那是什麼？』同伴指著那物體……喊道：『我的天哪！　快

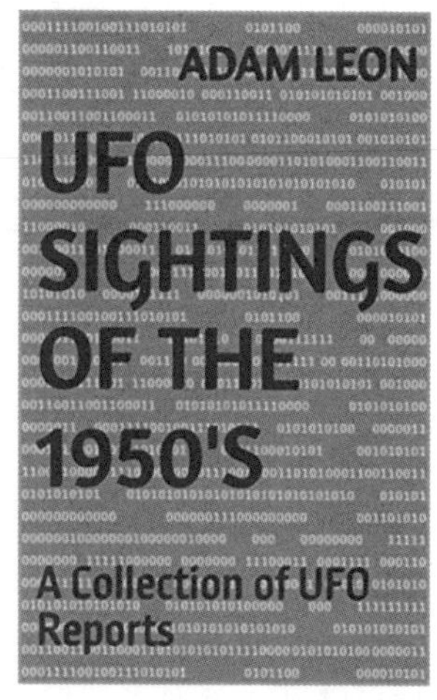

講述 1950 年代不明飛行物事件的圖書《UFO Sightings of the 1950's: A Collection of UFO Reports》

去拿相機！ 去拿雙筒望遠鏡！』」

哈伯德將其描述為「飄動，好像接近於不穩定，在懸停模式下，物體會以驚人的高速卻穩定地飛行，然後輕微俯衝，突然停止並進入另一種飄動的懸停模式。這種表現重複了很多次……似乎這一切 發生在我們以南約八到十英里的法納姆地區。」

眾飛行員觀察不明飛行物大約 10 分鐘，期間圍觀的人越來越多，一小群人已經聚集至十幾名。哈伯德回憶道，「他們驚呆了，但沒有一個人有相機！我記得其中一人說：『對不起，斯坦，我當初不相信你說那些故事。』」官方報告將這 UFO 描述為「一個扁平的圓盤，顏色為淺珍珠，大約有襯衫鈕扣的大小。」

24 小時之內，一眾目擊者均受到飛碟工作組的質詢。哈伯德說：「我們不知道調查人員的名字，我們被嚴格警告，不准向他們提問，亦不要在該軍部的其他地方提出詢問。我們還被警告，以後不要討論這話題，即使是私下裡也不要討論。」

官方的說辭

這次調查最終迎來一個彷彿十分合理，卻又頗為不符「常識」的結局。哈伯德一直相信，是次的集體目擊，理應相當堅實可靠，而有調查人員更聲稱「從未有過比這次更可靠和真實的目擊事件。」直至哈伯德看到飛碟工作組的報告副本，才驚覺官方另有一番說辭。

報告於 2001 年發佈，儘管總結部分承認，這位經驗豐富的試飛員誠實地描述了他所看到的，但哈伯德和一群專業試飛員同事，其實只是觀看了一場遠方進行中的特技飛行表演。

官方報告認為哈伯德及同僚誤把特技飛行飛機當作UFO（示意圖）

故此，報告稱一眾飛行員是「視錯覺的受害者，或者他們目睹某種正常的飛機，但因形狀和速度的關係，而欺騙了自己」。報告認為，哈伯德因為第一次目擊而影響第二次的判斷，並影響了同僚的看法。儘管哈伯德堅稱兩次所見相同，但調查小組不以為然，認為這是「一個報告影響另一個報告的有趣例子」。（註1）

令人疑惑的是，假如真有所謂「特技飛行表演」，一架速度極快的非常規飛機，在晴朗的夏日早上，在不算很高的高度飛行，飛越像法恩伯勒這樣人口稠密的地區，竟然不引起人們注意？連附近皇家飛機公司的員工也全不知情，因此集體產生誤會，而這群「視錯覺」的受害者皆是飛行專業人士……這種牽強至極的解釋，又有多少人相信？

註 1：英國國家檔案館DEFE 44 /119

西弗雷格母艦級UFO事件

列宇翔

各國的官方 UFO 檔案，能夠及已經對外公佈的，大多有一共通點：要麼提出反證，力稱不明飛行物只是普通的飛機、雀鳥、汽球，甚至純屬錯覺，子虛烏有；要麼含糊其辭，認定不值得耗資源調查下去。「西弗雷格」事件中，官方的報告卻有點異常。

一幅藏於英國國家檔案館的不明飛行物圖畫，圖中UFO比例異常龐大。

1957 年 4 月，英國皇家空軍於蘇格蘭西弗雷格（West Freugh）機場設有總部。裡頭負責轟炸試驗的部隊，發現雷達上有點不尋常。當時軍方在好幾輛拖車上安裝了雷達裝置，以便監視試爆演習。部隊正在等待法恩伯勒（Farnborough）皇家飛機研究所（RAE）的飛機在盧斯灣上空進行測試，期間空軍供應部的雷達操作員被告知飛機延誤，所以關閉了裝置。

靜止的空中物體

然而，位於 Balscalloch 的一個部隊沒有收到信號，雷達依然啟動。他們從雷達處發現一個巨大的回波，訊號顯示，那是一個巨大堅固，幾乎靜止的物體！它正位於愛爾蘭海上方，具體位置是 Stranraer 以北 20 到 25 英里（40 公里）。初時它在高度 50,000 英尺（15,000 米）處保持靜止 10 分鐘，然後開始垂直上升，在不到一分鐘的時間內迅速上升到大約 70,000 英尺（21,000 米）。

Balscalloch 部隊立即聯繫西弗雷格空中交通管制部，通知管制員現在有移動目標。接著，不明飛行物體以每小時數千英里的速度移動，那種奇特的回波，雷達操作員彷彿從未見過。

西弗雷格總部觀察到這些現象，通知位於 Ardwell 的單位（他們身處目標物以南 14 英里處）進行觀察，而這部隊亦印證了觀察結果。十分鐘後，該物體開始向東北移動，非常快速地加速並朝著牛頓斯圖爾特行進，速度逐漸增加到 70 英里/小時（110公里/小時），高度為 54,000 英尺（16,000 米）。

巨大不明飛行物

緊接著，第三個雷達站在 14,000 英尺 (4,300米）的高度和 4,000 碼的直線上追踪到 4 個物體，這由 Balscalloch 部隊的觀察得以證實。雷達操作員發現這回波比普通飛機大得多，尺寸更接近船隻。

換句話，這次出沒於愛爾蘭海上方的 UFO，大有可能是母鑑級別！

第三個雷達站注意到，不明飛行物行進約 20 英里（32 公里）後，忽然做了一個「不可能的」急轉彎，同時提高速度，向東南方向前進。

突然不明飛行物轉向東南，當它向馬恩島移動時速度加快到 240 英里/小時（390 公里/小時）。而在這個階段，雷達信號變得矛盾。Balscalloch 部隊在高空追踪到一個「物體」，而 Ardwell 在 14,000 英尺（4,300m）的高度追蹤到似乎是四個獨立的物體，它們在彼此後排移動。之後，雷達上的回波消失了。三個雷達站都短暫地追蹤到，在較大 UFO 後面，尾隨著四個較小的不明飛行物。

STRANGE OBJECTS HAVE BEEN SIGHTED IN THE SHEFFIELD SKIES

The Air Ministry cannot explain them

This picture has been analysed by experts. It is genuine, they say

WE SAY: How much longer dare we pooh-pooh stories such as these?

MEN FROM OUTER SPACE:

ARE THEY VISITING BRITAIN?

JOHN BROXHOLME investigates for TODAY

1962 年 9 月 22 日報章報道，題為「來自外太空的人：他們正在訪問英國嗎？」

英國皇家空軍情報部門下令全英國的雷達站保持 24 小時警戒。幾天後，有民用運營商把故事泄露給媒體。空軍部發言人表示，在專家研究提交完整報告之前，拒絕評論事件。而聯隊指揮官，英國皇家空軍西弗雷格指揮官 Walter Whitworth 發表聲明說：「空軍部命令我對這物體隻字不提。我不能透露它的位置、航向和速度。從偵測到它的那一刻起，它就在我們的區域內。它是某種具有物質的物體——肯定不是怪物。操作這些雷達的人不會犯任何錯誤，他們是完全合格和經驗豐富的操作員。」該聲明是得到空軍部批准發佈的。

英政壇關注　空軍認無法解釋

因為媒體廣泛報道，引起高層及政要的關注。英國議會和聯合情報委員會（JIC）提出質詢，空軍部最終不得不承認他們無法解釋這一事件。由於該事件已洩露給媒體，英國皇家空軍的內部記錄得到妥善保存，儘管所記錄的細節受到《官方保密法》保護而未完全公開。然而，在 1970 年的英國皇家空軍會議紀要文件中，我們可得知事情的梗概，還知道不明飛行物已被雷達追踪了 36 分鐘。（註1）

DDI （Tech） 提交了一份關於此案的報告，結論提及，這可能是空軍部最接近承認不明飛行物「無法解釋」、甚至可能具有國防威脅的事件。報告指出：「結論是，該事件由五個不明類型和來源的反射物體所造成。人們認為它們不太可能是常規飛機、氣象氣球或帶電雲。」（註2）

註1：這可從1957年英國皇家空軍站的報告AIR 2/18564 和 AIR 20/9320中查閱。
註2：英國國家檔案館 AIR 20/9321

英國的羅茲威爾——倫德舍姆森林事件

列宇翔

羅茲威爾事件鼎鼎大名，即使不是 UFO 迷想必也略有所聞。倫德舍姆森林事件(Rendlesham Forest Incident) 一樣聞名天下，可謂最著名的不明飛行物事件之一，更有「英國的羅茲威爾」稱號。

儘管倫德舍姆森林事件享負盛名，它的來龍去脈，卻未必人人清楚。

倫德舍姆森林林業委員會在案後地點放置了一個飛碟模型

美軍基地外的異象

1980 年 12 月 26 日，在英國薩福克郡的伍德布里奇皇家空軍基地，似乎發生一點不尋常狀況。這基地雖位於英格蘭東部，當時卻租借給美國空軍（ USAF ），在聖誕凌晨時分，美軍保安人員觀察到一些怪異且無法識別的燈光，落入基地外圍的倫德爾舍姆森林。

最初，美軍保安人員以為光源是一架被擊落的飛機，於是前往調查。進入森林後，警衛們聽到附近農場的動物吼叫，彷彿發狂一般。當他們接近神秘光源地帶，他們發現一個「帶有彩色燈光的發光物體」，目睹它迅速向附近海岸方向飛去。

黎明時分，他們回到同一地方，發現一塊土地上有三個印痕，形成一個三角形；周圍的樹木也有斷枝及燒傷痕跡。這群美軍聲稱，不明飛行物昨晚曾降落此處。

兩天後，基地再次發現不明燈光，基地副指揮官查爾斯· 哈爾特（Charles I. Halt）中校在凌晨帶著一班嚴格挑選的部隊進入樹林調查。探查期間，哈爾特看到幾盞不明燈光，這些燈光彷彿引路般，把他們帶到空地。森林裡伴隨附近農場傳來的動物吵鬧聲，哈爾特目睹與兩天前類似的景像，當刻更有一道閃光落在他們身上。

基地副指揮官查爾斯・哈爾特 (Charles I. Halt) 中校

哈爾特對這一事件進行現場錄音。他描述了三個神秘的照明光，將其比作星星，但在地平線上方盤旋，偶爾有光束從它們身上射下。

兩周後，時為 1981 年 1 月上旬，哈爾特提交一份關於此事的正式報告，題為「不明原因的燈光」，並發送到白宮的「國防秘書處 8」（DS8）。英國國防部（MoD）裡亦保存一份來自哈爾特的備忘錄，詳細記載此事件。

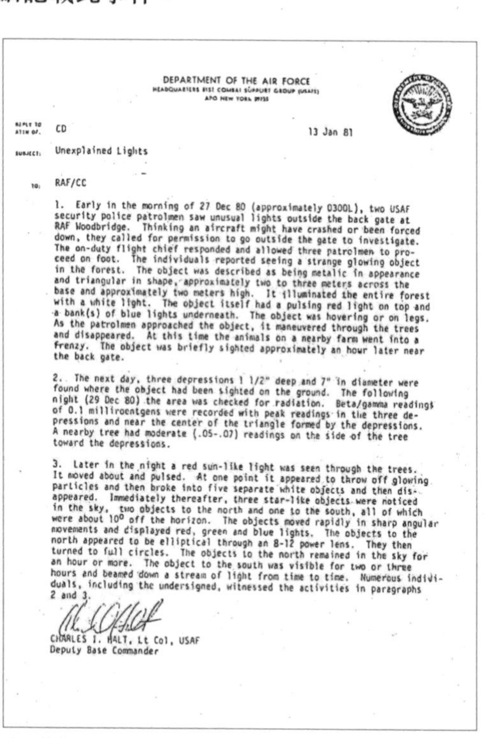

DEPARTMENT OF THE AIR FORCE
HEADQUARTERS 81ST COMBAT SUPPORT GROUP (USAFE)
APO NEW YORK 09755

REPLY TO ATTN OF: CD　　13 Jan 81

SUBJECT: Unexplained Lights

TO: RAF/CC

1. Early in the morning of 27 Dec 80 (approximately 0300L), two USAF security police patrolmen saw unusual lights outside the back gate at RAF Woodbridge. Thinking an aircraft might have crashed or been forced down, they called for permission to go outside the gate to investigate. The on-duty flight chief responded and allowed three patrolmen to proceed on foot. The individuals reported seeing a strange glowing object in the forest. The object was described as being metalic in appearance and triangular in shape, approximately two to three meters across the base and approximately two meters high. It illuminated the entire forest with a white light. The object itself had a pulsing red light on top and a bank(s) of blue lights underneath. The object was hovering or on legs. As the patrolmen approached the object, it maneuvered through the trees and disappeared. At this time the animals on a nearby farm went into a frenzy. The object was briefly sighted approximately an hour later near the back gate.

2. The next day, three depressions 1 1/2" deep and 7" in diameter were found where the object had been sighted on the ground. The following night (29 Dec 80) the area was checked for radiation. Beta/gamma readings of 0.1 milliroentgens were recorded with peak readings in the three depressions and near the center of the triangle formed by the depressions. A nearby tree had moderate (.05-.07) readings on the side of the tree toward the depressions.

3. Later in the night a red sun-like light was seen through the trees. It moved about and pulsed. At one point it appeared to throw off glowing particles and then broke into five separate white objects and then disappeared. Immediately thereafter, three star-like objects were noticed in the sky, two objects to the north and one to the south, all of which were about 10° off the horizon. The objects moved rapidly in sharp angular movements and displayed red, green and blue lights. The objects to the north appeared to be elliptical through an 8-12 power lens. They then turned to full circles. The objects to the north remained in the sky for an hour or more. The object to the south was visible for two or three hours and beamed down a stream of light from time to time. Numerous individuals, including the undersigned, witnessed the activities in paragraphs 2 and 3.

CHARLES I. HALT, Lt Col, USAF
Deputy Base Commander

哈爾特提交給國防部的報告副本

MIB現身

不過，住在倫德舍姆森林的居民，似乎對神秘事件一無所知。1980 年 12 月下旬某天晨早，文斯・瑟克特爾（Vince Thurkettle）正在倫德舍姆森林砍柴，這時候一輛汽車駛近停下。

兩個男人下車走近。他們西裝革履，大約三十歲。

「早上好。你介意我們問你一些問題嗎？」當中一人用一口流利的英國口音問道。

他向瑟克特爾查詢，問及他有否在那段日子的夜晚看到什麼。

西裝男子問道：「你有沒有離開過房子？你看到什麼了嗎？」瑟克特爾說：「什麼？」

「哦，有報告說森林裡有紅燈……我們只是在檢查。」西裝男子有禮貌但堅定地提問了大約20個問題。瑟克特爾以為他們是記者。

倫德舍姆森林東門

盤問了好一會兒後，其中一人突然說：「哦，好吧，就這樣吧，裡面應該什麼都沒有。」兩人便離開了。

UFO 愛好者認為，查問瑟克特爾的兩個西裝男子，正是專門處理神秘事件的 MIB（Men in Black）。

各種理論解釋

作為一個土生土長的鄉下人，瑟克特爾顯然沒有看到任何不尋常異象。接下來幾天，他每天都買報紙，以圖了解發生了什麼。到後來此事曝光，受媒體廣泛報道，瑟克特爾受到一些傳媒訪問。他的見解，成為懷疑論者解釋此事的依據之一。

「他們（西裝男子）說過這樣的話：『但是有斷樹枝。』」瑟克特爾說，「這是一片完全天然的林間空地。嗯，森林裡到處都是折斷的樹枝。」對他來說，美軍人員所發現的林間印痕及燒過的痕跡，均無甚特別之處。

三年後，美國政府將備忘錄發佈到公共領域。此舉令到這故事成為世界各地的頭條新聞。一時間，倫德舍姆森林成為英國的 UFO 重鎮，衍生大量書籍、電視節目和文章。倫德舍姆森林的林業委員會藉著冒起名氣，在森林中創造了一條「不明飛行物之徑」，其中展示了美軍聲稱看到的飛碟模型。同年 3 月，一部紀錄片提出結論，把目擊事件奠定到傳奇的地位，就像尼斯湖水怪或亞瑟王傳奇一樣。

倫德舍姆森林林業委員會創造了一條「不明飛行物之徑」

有大量懷疑論者認為該事件的真實性不高。他們對事件解釋為：目擊者對一連串夜間燈光有所誤解。火球、奧福德內斯燈塔、明亮的星星，是最常見的「科學解釋」。

大約在美軍人員初次目睹「發光物體」下降到森林之時，一顆被天文學家稱為「火球」的流星恰巧來到英格蘭南部上空。據說，但凡天空出現流星，不明飛行物的報告亦會激增，而在 1980 年那個晚上，從天而降的「火球」據載異常明亮。

真假觀點

另一種理論說，目擊者所見其實是真正的星星。懷疑論者根據哈爾特中校對在夜空中盤旋的三個神秘星狀描述，認為那是被大氣層影響而扭曲的明亮恆星！他們認為，星光為大氣所折射扭曲，經常讓人誤會是不明飛行物的燈光。

還有一說是，美軍人員只是看到遠處方一個燈塔的射燈。

更有人指出整件事可能是一場騙局。一名前美國安全警察聲稱，他把警車上的燈光進行改裝，因在森林中行駛發生事故，因而造成誤會，他個人願意為此負責。

到底1980年12月26日至28日，美軍人員的目擊事件。是否一宗與外星物體的相遇？哈爾特中校認為他和同僚所看到的東西是「外來的」(指地球以外)。他本人於2010年再次記錄此事，聲稱事件千真萬確，只是美國和英國政府暗地掩蓋證據。

幾年後，英國國防部建立了一份專門針對倫德爾舍姆事件的檔案。為什麼事發數年，忽然建立檔案？原來是帕特里克·沃爾少校議員讀到《世界新聞報》於1983年發表該故事，之後在議會提出詢問，國防部才為此準備文件的。該檔案已於2009年8月在國家檔案館解密(註1)，文件包含哈爾特的備忘錄和簡報，以及內部通信和部門對公眾詢問的回覆。

據公開文件顯示，英國國防部曾對這一事件進行調查，但由於除了備忘錄之外幾乎沒有其他證據，他們很快決定不採取進一步行動。

倫德爾舍姆事件的檔案之所以對外公佈，是因為記者兼學者大衛克拉克博士的要求所致。

克拉克採訪了國防部官員西蒙·威登（Weeden），威登告訴他，倫德爾舍姆的說法「沒有國防意義」。

威登於 1988 年離開英國國防部。仍在任時，他是第一個處理哈爾特中校備忘錄的人。他把備忘錄分發予相關單位，並檢查過雷達站的日誌。負責人員並未在聖誕節假期的日誌發現異常情況。「一旦我們完成所有基本檢查，發現雷達上什麼都沒有——沒有顯而易見的解釋，也沒有明顯的防空威脅——我們決定不需要採取進一步的行動。」威登說。

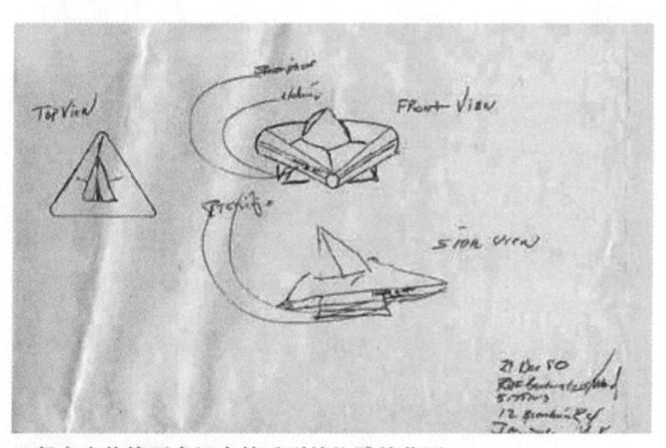

目擊者在倫德爾舍姆森林看到的物體的草圖

仍然存在謎團

但克拉克認為，美國空軍警衛最初的目擊事件尚未得到充分解釋。

「仍然有一個謎團。這三個人在第一晚發生了什麼，我仍然覺得莫名其妙。也許他們確實看到了一些莫名其妙的東西。」大衛克拉克說。

其中一名警衛是約翰・巴勒斯，他在在美國武裝部隊服役 27 年，有份進入森林調查目擊事件。據其證供說，他首先在森林中看到遠處有一燈塔，上面有綠色、紅色、橙色和白色燈光。這是懷疑論者經常提出的疑點：美軍警衛們只是見到燈塔的射燈。然而，據燈塔管理員透露，他們'從未把燈光向陸地照射。

巴勒斯聲稱，當他和同事走近森林「案發地點」時，他們看到一道白光無聲地爆炸，然後空地上出現了一個紅色橢圓形太陽狀物體。它從樹林中升起，朝海岸飛去。巴勒斯強調自此奇遇，他度過了瘋狂的幾十年。「就在你認為故事結束時，另一件事發生了。」

巴勒斯退役後私自調查，他宣稱事件由一場實驗所引起，該實驗旨在運用森林中的能量場。他認為當時燈塔向倫德舍姆森林發射 EM（電磁）頻率，「他們正在研究包括軍事用途在內的不同應用的能源領域。」

距離事發約 40 年，巴勒斯出版了一本書，書中概述了「不明空中現象的武器化」，他認為自己看到的是某種能量，甚或是一種智能形式的等離子體，「我從來沒有公開說這是『宇宙飛船』，因為我不知道。」

一宗事件，多種説法，究竟是美、英政府有意掩蓋，涉事人士又藉機炒作；抑或事情背後當真錯綜複雜，由多重真相交織而生？

註1：英國國家檔案館DEFE 24/1948/1

1990年代至千禧初英國UAF

列宇翔

英國國防部雖然「名義上」不再理會 UFO 現象，認為不值得花資源去研究，指其不會對國防做成威脅（這態度與美國近年立場截然相反），但他們畢竟花了數十年時間去彙編和調查不明飛行物現象，過去緩慢地發佈相關的機密文件，在已公開的案例中，國防部認為大部分都有合理解釋，比如流星在大氣中燃燒，使目擊民眾誤以為有外星飛行器。

1988 年在玉米田上空出現的不明飛行物素描（credit: The National Archives UK）

有「解釋」的案例

在 1993 年和 1994 年期間，英媒體報道，一個明亮的橢圓形物體在倫敦上空緩慢移動。調查小組指出那東西實際上是一艘為福特蒙迪歐的廣告維珍飛艇，甚至在國防部的「不明飛行物辦公桌」窗外也能看到。

另一宗可以解釋的目擊事件發生在 1993 年 3 月 31 日，來自英國皇家空軍科斯福德的警察和軍事人員，在伍爾弗漢普頓附近目擊超過 30 次快速移動的強光。國防部指出，那些強光其實是由俄羅斯 Cosmos 2238 衛星回到地球大氣層引起的。

有一宗案例，目擊者詳細描述了在 1993 年和 1994 年期間在倫敦看到的幾十個明亮的橢圓形物體。後來，官方解釋為福特蒙迪歐汽車宣傳時所用的飛艇。

而在 1999 年，一名英國男子自稱在倫敦家中被外星人綁架。他說他看到一架飛行物在他家上空盤旋，然後第二天早上醒來，發現自己失去了一段時間。對於他的經歷，國防部回應稱，這架飛行物很可能是一艘「飛艇」，至於所謂的「失踪時間」很可能是夏令時間撥回的結果。

儘管大多數案件背後都有一個平凡的原因，但約有 10% 的案件被歸類為「無法解釋」。對於這些案例，國防部表示「資訊不足」。

資訊不足的案例

在 1995 年報告的一宗案件裡，一架飛近曼徹斯特機場航機的機長報告說，飛機遇到一個「不明物體」而險些發生意外；地面上一名目擊者單獨提供了一張草圖，描繪了一個「20 倍於足球場大小的不明飛行物」。

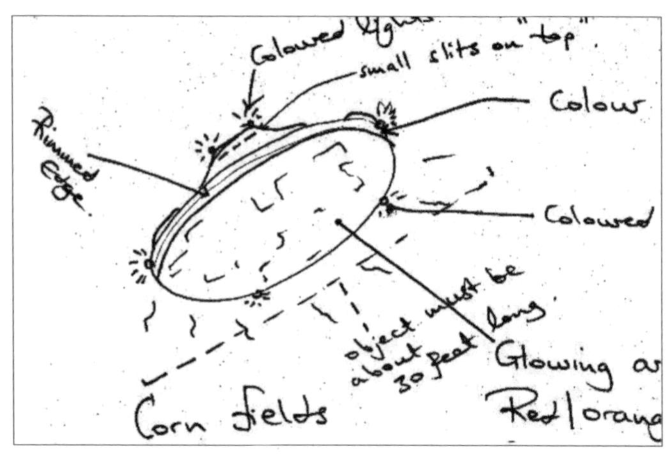

1995 年在東格林斯特德出現，長達30英尺的飛碟草圖。
(credit: The National Archives UK)

同為 1995 年，斯塔福德郡米德蘭郡有兩名青少年，於 5 月 4 日晚衝進警察局，聲稱他們在田野裡看到盤旋的不明飛行物，更有一個檸檬形頭部的外星人出來，向二人說：「我們想要你；跟我們來。」之後外星人與發紅的飛碟一起消失。

在一份日期為 1997 年的備忘錄裡，提及一宗「音爆」事件。有人在霍夫東薩西克斯 (Brighton East Sussex) 目擊兩個物體，分別為白色和綠色，它們發出轟隆隆的「音爆」聲，從西向東移動，速度比飛機還快。

1997 年 1 月 13 日，英格蘭北部有神秘飛機失事的報告。報案人稱見到一個物體，呈圓形、綠色，移動得比飛機還快，然後似乎掉到了地上。但警方和救援隊在隨後的搜索中沒有發現任何殘骸。

2008 年 6 月，在布里斯托爾，一艘巨大的外星飛船降落在目擊者家的頂部，然後飛船飛走離開。

其他較特別的目擊事件，包括一些在知名「地標」處有人目睹不明飛行物，如議會大廈、巨石陣和布萊克浦碼頭上空等。

2009 年 1 月在巨石陣附近出現的UFO（credit: The National Archives UK）

最後一批紀錄

2009 年是英國「名義上」有紀錄 UFO 事件的一年。這一年的「目擊物」種類繁多，包括「銀色圓盤形燈」、「橙色和紅色發光燈」、「一個大型明亮的銀色/白色球/球體」和「天空中三個熾熱金球」等。筆者認為該年不乏一些難以用天然現象、天燈、天氣之類解釋的個案：

2009 年 1 月 25 日，在利文斯頓西洛錫安，目擊者見到極其明亮的藍色圓形光。在陡峭的地方潛水後，它上升然後再次潛水，之後它消失了。

2009 年 2 月 6 日，在邁爾里格和朗里格坎布里亞郡之間，目擊者見到一個輪廓分明、末端呈圓形、閃亮的銀色金屬圓柱體。它估計長50英尺，身後上部有小突起物，沒有發出任何聲音，也沒有可見的排放氣體。

2009 年 2 月 22 日，在切普斯托格溫特，目擊者見到一個大型汽車大小的物體，它的底部銀光閃爍，在天空向上移動，之後離開了。

2009 年 2 月 22 日，在薩里（Oxted），目擊者見到一個物體進入後花園。它的上半部分像雞蛋的形狀，像熱鋼一樣發出明亮的橙色。在底部它有類似於根狀結構的東西。它看起來像是出現一些麻煩，經自行修正後，輕輕飛走離開。

2009 年 3 月 8 日，在博爾頓蘭開夏郡，目擊者見到一個大火球，但這火球是呈長方形的。他起初還以為是失事的客機，但隨即它在空中停下並盤旋。然後它朝達斯卡飛去，卻又停了下來，改朝東南方向駛向貝里（Bury）。它徘徊了一分鐘左右接著消失。

2009 年 3 月 24 日，在布里真德格拉摩根，目擊者見到四架不明飛行物在兩架飛機下方飛行，移動得比飛機更快，最後飛越沃特頓工業區。它們呈灰色，頂部和底部有圓頂。

2009 年 4 月 22 日，在貝辛斯托克漢普郡，目擊者見到一個黑色的大降落傘，上面什麼都沒有。接著它改變了形狀，逐漸變小。那人觀察了10至20分鐘直至其消失。

2009 年 4 月 26 日，在哈德斯菲爾德西約克郡，目擊者見到一個直徑 12m 的黑色球形物體，足有 500 英尺高，並以 500 英里/小時的速度行駛。它沒有發出任何聲音。不明物體有燈光，但當目擊者用手電筒照它時，其燈光關掉了。

2009 年 4 月 26 日，在倫敦市中心，目擊者見到一個白色小球，很快就被另外兩個加入的小球「聚合」成一個扁平圓形，在倫敦市中心上空約 20,000 英尺盤旋。該物體未幾消失了，但有一個「小球」後來重新出現了五分鐘。

2009 年 6 月 14 日，在沃頓威爾特郡，目擊者見到黑色圓盤狀物體在巴伯里附近的麥田怪圈上空盤旋，它在地上投下陰影。

2009 年 6 月 23 日，在羅瑟勒姆南約克郡，目擊者見到一個圓形金屬色的物體，正在跟隨一架飛機。它下降了幾次，然後又飛回原先同一水平。

2009 年 9 月 19 日，在安格爾西北威爾士，目擊者見到類似於蛋形，呈琥珀色的物體，它出現一會便消失。五幾分鐘後，有兩個物體出現在同一區域，然後又消失。其後它們再次出現在梅尼海峽上空。

2009 年 10 月 31 日，在溫奇堡西洛錫安，目擊者見到飛行物擁有兩個大紅色導航燈，它是圓柱形的，在無聲低飛，一邊閃爍著紅色的頻閃燈，最後消失在視線之外。

近距離接觸報告

在眾多國防部 UFO 檔案裡，最教人驚訝的是「近距離接觸報告」：有民眾相信自己與外星人接觸！有人相信自己曾被外星人綁架、有人從外星人那裡得到心靈感應信息。較特別的個案包括：

一名學童在看到一些奇怪的光後寫信給國防部，詢問有關 UFO 的真相，其中包括一幅外星人在 UFO 揮舞的圖畫。

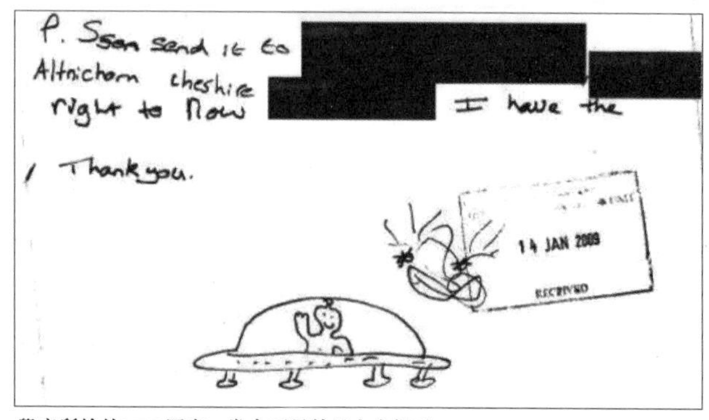

學童所繪的UFO圖畫，當中可見外星人在揮手。
(credit: The National Archives UK)

一份標記 6 月 24 日的文件顯示，在卡萊爾，一位撥打 MoD UFO 熱線電話的人報稱看到不明飛行物，更「與外星人同住」了一段時間。(註1)

2007 年，來自卡迪夫 (Cardiff) 的男子聲稱與朋友露營時，不明飛行物綁架了他的狗、汽車和帳篷。(註2)

2008 年 7 月，一名考文垂婦女的獵犬表現異常，跑來跑去。那婦女接著看到「兩個橙色球」在後花園盤旋。她被眼前景像嚇壞了，立即鎖上門並向 UFO 熱線報告其目擊經過。這女士要求官方告知她「這些東西想要什麼，她和她的狗會被污染嗎？」(註3)

2009 年 1 月，奧特林厄姆的一名小學生寫信給國防部 UFO 服務台。她和父親在花園裡，目擊很多小東西飛來飛去，這封信附帶一張「外星人從飛碟裡面揮手告別」的「照片」，信函說：「......我和我父親看到天空中的小飛機——兩盞小燈在彼此周圍跳舞......請寄一封信告訴我答案......我有權知道。」(註4)

如此多的UAF，難道全部都是錯視、幻覺、無知、甚至無中生有的胡謅？

註1：英國國家檔案館 DEFE 24/2625/1
註2：英國國家檔案館 DEFE 24/2623/1
註3：英國國家檔案館 DEFE 24/2625/1
註4：英國國家檔案館 DEFE 2457/1

附錄：
西方政府處理外星人 / UFO 時間線

網絡上流傳一個涉及UFO重大事件的時間線，但作者認為該時間線存在錯謬與很多遺漏。經過整理、修改及訂正，現附錄於本書裡，希望令讀者更容易閱讀，從而更認識和了解涉及飛碟現象的各大重要事件。

1908 年 06 月 30 日，通古斯大爆炸，同年組建調查局 BOI，開始對國內重要人物進行跟監任務。

1915 年 03 月 03 日，NASA 前身美國國家航空顧問委員會（National Advisory Council for Aeronautics, NACA）成立。

1916 年，NACA 在弗吉尼亞州蘭利市建立蘭利機場。

1917 年，NACA 蘭利研究中心（Langley Research Center）成立，是重要的風洞實驗場所。

1918 年，美國航空攝影學校在蘭利空軍基地建立。

1932 年，尼古拉・特斯拉認為火星上存在生命。

「其它人可能會覺得我的這個想法很愚蠢，或是把這些當成是個可笑的笑話來看。就是可以和那些住在遙遠外太空的鄰居交談，像火星人。自從我在科羅拉多（Springs）的實驗室裡，第一次發現這個雜訊時，就有這種深刻的感覺。當時，除了我的實驗室可以發送出半徑超過好幾英哩的訊號之外，附近區域都不可能是會發送出無線電波的區域。此外我所發出的電波都是在理想狀態發送的，我非常清楚自己所發射出的電波訊號是什麼。所以這些被紀錄下來的雜訊特徵，不太可能是從地球本身所發出來的，而且我也已經把太陽、月亮和金星的干擾排除了。就像我先前所提到的，這個訊號是由一串重複且規律的數值所組成的，讓我相信這些訊號一定是從火星發送過來的，因為它是離地球最近的一顆行星。(可能是最早接收到的脈衝星信號)」

1939 年，威廉・賴希 (Wilhelm Reich) 宣佈他發現了為生命和性所特有的奧剛能量 (自然力，Orgone Energy)。

1943 年，1月，尼古拉・特斯拉在美國紐約人飯店 3327 房間逝世。

同年，美國能源部旗下洛斯阿拉莫斯國家實驗室在新墨西哥州成立，代號「Y」地點，第一項任務即是「曼哈頓計劃」。第一任主任是奧本海默，也是「曼哈頓」計劃的首席科學家。而在該計劃的十幾萬參與者之中，只有 12 個人知道全盤的計劃，這也是之後 Majestic-12 的重要緣起，這 12 人管理團隊由協調人員、撥款中介、軍方和科學家組成。

1944 年，軍方向美國能源部取得 51 區管理權。同年，美國空軍建立了科學顧問小組。

1945 年 07 月 16 日，地球上第一顆原子彈在美國新墨西哥州爆炸。這是人類原子能武器化的開端，人類對生態的影響將要超出地球範圍。至今，全球的核彈發射並被頻繁的「未知力量」關閉，彈道導彈試射被擊落。

1945 年 09 月 20 日，馮・布勞恩抵達美國。

1945 年，空軍技術情報中心（The Advanced Technical Intelligence Center, ATIC）升級為國家航空航天情報中心（National Air and Space Intel Center, NASIC）。

1946 年，《原子能法令》簽署，美國原子能委員會成立，地點在 51 區，負責人是奧本海默，猶太裔。美國空軍科學顧問委員會成立。

1947 年 6 月 24 日，肯尼士・阿諾德（Kenneth Arnold）在華盛頓州雷尼爾山上空駕駛着自用飛機，突然發現有九個白色碟狀的不明飛行物體，根據他的目測，這些物體以約每小時 1600 或 1900 公里高速飛過，並轉眼消失。他向地面塔台喊出：「I see flying saucer.」（我看見了飛舞的碟子）引起美國極大的轟動。由於飛碟這個名詞形容得很貼切，於是就在世界各地廣泛流傳。其後一名記者在報紙上首次使用了 UFO 這個縮寫，即不明飛行物，被人們一直沿用至今。

1947 年，威廉・賴希將一個氣像控制裝置（Cloud Buster）爆雲器交給美國政府（HARRP 前身）。

1947 年 07 月 09 日，「羅茲威爾事件」。當時美國空軍一開始向外界宣佈，新墨西哥州沙漠附近出現墜毀的飛碟殘骸，但在第二天改稱墜毀物體是一個氣像氣球。

1947 年 07 月 26 日，美國國會通過了《1947 年國家安全法案》，美國戰爭部改組為美國國防部，美國國家安全委員會建立，並重組 OSS 為 CIA，由國安會管轄。

「5410 法案為建立外星人保密，秘密基地和逆向工程研究項目 (黑色項目) 提供了緩衝。」Majestic-12 秘密成立，第一任務是保密，第二任務是研究。

1947 年，美國空軍建立空軍情報部，在萊特帕特森基地空軍技術情報中心並開啟「信號計劃」(Project Sign)，開始接收各地的不明飛行物目擊報告並分析，UFO 時代開啟。

1948 年，美國空軍開放互聯系統成立，作為空軍調查專業機構，49 年後組建「特殊調查科」。

1948 年，蘭利機場更名為蘭利空軍基地。

1948 年，綠色火球 (Green Fireballs) 開始出現在全美各核基地，研究認為外星人開始系統的偵測核輻射。

1948 年 12 月，「信號計劃」轉為「怨恨計劃」(Project Grudge)，「藍皮書計劃」(Project Blue Book) 前身。

信號計劃更改為怨恨計劃，一年後停止。愛德華・魯佩爾特(Edward J. Ruppelt)是該計劃負責人，兩年後被拋出。(1960年9月15日，魯佩爾特因心髒病發作死亡，時年37歲。)

1950年03月22日，FBI華盛頓辦事處的特工(Guy Hottel)蓋伊・霍特爾呈報給局長的備忘錄指出「綠屋」(Green House，即後來的S4基地)處至少有3具外星人生物(1994年日本搜集，2011年FBI解密。http://vault.fbi.gov)。

其中除了說明墜毀的飛碟不是民間傳聞的一個而是三個及九個外星人屍體外，而且還記錄目擊者認為飛碟墜毀的原因是該地區美國雷達設備「干擾了飛碟，造成墜落事故」。(尼古拉・特斯拉：引力門)

1951年，空軍的藍皮書計劃開始(該檔案2015年1月14日解密)

該計劃的第一任負責人是愛德華・魯佩爾特上校(Edward J. Ruppelt)。在他的命令下，研發出一套不明飛行物的標準報告格式。他也是正式套用「UFO」一詞的人，取代了當時所用不準確而且有暗示性的「飛碟」一詞。他在退役之後，寫了《The Report on Unidentified Flying Objects》一書，描述美國空軍1947年到1955年對不明飛行物的調查。Edward J. Ruppelt上校因當時空軍關於目擊報告的指導說辭混亂而感到非常困惑。

1951年，同年，S4基地建立(代號：月球背面)，然後紅光計劃(Project Red Light)啟動，也就是對不明飛行物的逆向工程。

在 S4 基地建造了第一倉庫，用來存放羅茲威爾墜毀的飛行器，並建設地下室用來看護活下來的外星來客，由海軍情報局負責撥款，美國原子能機構管理，前期主導人為奧本海默，後期主導人應為「氫彈之父」愛德華・泰勒（Edward Teller），猶太裔。

同期，內華達試驗靶場（Nevada Proving Grounds）成立，51 區機庫開始擴大，51 區管轄權逐漸轉移至軍事工業複合體（主要是洛克希德馬丁），並在附近的愛德華空軍基地開始准備訓練特種飛行員。該時期，美國空軍開始被排除在最高機密之外，被利用作為與民眾之間的擋箭牌。

1952 年，美國國家安全局（NSA）成立，杜魯門總統簽署的行政命令免除了NSA所有的法律責任，除非這些法律是特別指名 NSA。

1952 年 7 月 19 日晚上，美國華盛頓上空多次出現不明飛行物，美軍戰鬥機想擊落它們，卻以遠超過戰鬥機的速度移動並集體消失。

1953 年，五星上將艾森豪威爾上台。(上任初始，他開始放任 MJ-12 的工作)。

1954 年，洛克菲勒委員會利用總統的信任（命令）將 CIA 和國防委員會的國家超機密項目管理監督權轉移給了軍工企業、航天承包商，該時期，CIA 大部分部門也在核心外。協調機構是：Majestic-12（軍事工業複合體）。

1953 年 02 月 10 日，一位美國伐木工人丘比斯・瓦頓（Travis

Walton)的事件，他公開表示自己於 1975 年 11 月 5 日在美國亞利桑那州雪花市附近的阿帕契－錫特格雷夫斯國家森林（Apache-Sitgreaves National Forests）工作時，被一個不明飛行物綁架，發生第四類接觸。瓦頓從 1975 年 11 月 5 日自森林內失蹤數天後，再度出現，表示自己遭遇外星人綁架，獲得主流媒體報導，引起各界關注和爭議。

1954 年起，法國國家宇航局開始記錄 UFO 目擊事件。

1954 年，為了轉移公眾對 UFO 的注意，美國政府想出了「雪鳥計劃」（Project Snowbird）用傳統科技來開發碟形飛行器，然後向公眾展示。

1955 年，U2 飛機測試。

1956 年，不滿空軍調查的民眾成立了 National Investigations Committee On Aerial Phenomena（NICAP），由著名的 UFO 學家堂納德· E· 基荷（Donald E. Keyhoe）創立，為美國著名的 UFO 研究民間組織。

1958 年 07 月 29 日，艾森豪威爾總統簽署了《美國公共法案85-568》（United States Public Law 85-568，即《美國國家航空暨太空法案》），創立了 NASA。

《美國國家航空暨太空法案》（National Aeronautics and Space Act）中說明，NASA 作為政府機構可以使用「國家安全」借口來保密。

1958 年 10 月 01 日，艾森豪威爾正式終止「國家航空咨詢委員會」，在其基礎上宣佈成立「美國太空總署美國國家航空暨太空總署」(NASA)。

1958 年，秋冬，艾森豪威爾、尼克遜試圖了解 MJ-12 在 51 區和 S4 基地的進展，被告知無權管轄後征召 CIA 東部主管去傳達總統的不滿，如果不接受指揮，總統將動用科羅拉多州的美國陸軍第一部隊前去強行接收管理權。接命後，CIA 去了 S4 基地第一倉庫，看到了墜毀的羅茲威爾飛行器和兩個去世的外星人，並觀看了解剖錄像。稍後，CIA 主管與一個外星人（灰人）會面。不久，CIA 帶著洛克希德馬丁的負責人回去向艾森豪威爾、尼克遜、胡佛彙報外星人、黑色項目等情況，總統聽完後非常憂慮，認為要保密。

1958 年，中央情報局開發 U-2 後續飛機的計劃，代號為 Oxcart。

1959 年，NASA 委托布魯金斯學會出具了一份標題為《和平空間活動對人類事務影響的研究報告》(Proposed Studies on the Implications of Peaceful Space Activiies for Human Affairs) 的報告。之後被國會記錄在案。(該報告討論了潛在太空探索中的新發現是否應該讓公眾知曉的議題)

1959 年 10 月 07 日，前蘇聯太空船「登月3號」(Luna 3) 拍攝了第一張月球背面的照片。

1960 年，NASA 測試了高達 20 馬赫的風洞。

1960 年 09 月 07 日，51 區為 A-12 測試開始延長跑道，由 CIA 控制和管理。

1960 年，挪威墜毀了一艘 UFO。

1961 年 01 月 17 日，美國總統艾森豪威爾在著名的告別演説中承認，軍工複合體已經不受他控制。

1961 年 02 月 02 日，清晨，第三次世界大戰一觸即發。北約，蘇聯邊界上空出現了一大群圓形的金屬飛行器，捲入了事件的進程。

它們明顯是受到智能的控制，成規則的隊形排列飛行。它們似乎從蘇聯地區出現，飛越了華沙條約組織成員國區域，然後飛向了西方國家的戰區，在高空保持及高速飛行的同時，隊形依然整齊。接著，他們轉向英國，南海岸線的英吉利海峽；最後在挪威城市的上空，它們的信號在北約組織的雷達中消失了。

1961 年 09 月 19 日，新罕布殊爾州蘭開斯特南部一對夫妻巴尼・希爾（Barney Hill）及貝蒂・希爾（Betty Hill）夫婦表示兩人在結束旅行的返家途中目擊飛碟並陷入昏迷，之後兩人透過催眠回憶昏迷期間遭外星人綁架至飛碟的遭遇，甚至指出該種外星生物來自何方。這起事件是第一次廣為人知的外星人綁架事件。

1961 年，英國空軍上將托馬斯・泰克（Thomas Tike）組建第一個北約聯合 UFO 調查小組。

1961 年 02 月 02 日，在上述事件發生後，英國空軍上將托馬斯・泰克（Thomas Tike）[曾任歐洲盟軍指揮部（SACUAR）副指揮官，美國四星級陸軍上將李曼・雷姆尼澤（Lyman Lemnitzer）的副手] 說：「我受夠了，這些飛行物一次又一次的出現。我們必須要調查清楚到底怎麼回事，我想知道。」於是他著手這項調查，一手組建了調查中心。在 1961-1964 之間他們公開發表研究材料，在 1964 年終止了調查研究任務。

1962 年 04 月 30 日，SR-71 前身 A12 正式官方試飛。

1963 年，美國、英國和蘇聯簽署了《禁止在大氣層、外層空間和水下進行核武器試驗條約》，但法國和中國拒絕簽署。

1963 年 11 月 22 日，甘迺迪總統遇刺，至 1993 年，因涉嫌泄密而被情報機構連坐暗殺而死的相關泄密證人達到 115 人。導致很長一段時間，各行各業公職人員對泄密非常謹慎。

1964 年，北約 UFO 調查小組提出評估報告「評定對歐洲盟軍軍事力量可能的威脅程度...」調查內容包含威脅歐洲盟軍的潛在軍事力量，結論顯然是「不存在」。他們的研究得出：地球一直受到某方勢力的研究和觀察，已經持續了數百年甚至上千年之久了。他們在 1964 年的結論報告中提到，至少有四個不同的星外組織來到地球，對我們進行觀察、研究和分析，完全監視了我們的一舉一動。這些組織似乎並不是以介入我們我們的軍事活動為目的，因為事件一次次的顯示他們已經掌握了難以想像的高科技，如果他們懷有敵意或者惡意，那麼我們根本無力反抗。如果他們是邪惡勢力對我們產生了敵意，那麼一切在很久以前就應該結束了。所以結論是：他們顯然不是懷有惡意的敵對勢力。

1965年，NASA已經有月背一些建築物樣式的照片。(NASA之前至少發射了九個探測器)。

1966年08月，UFO光顧北達科他州邁諾特空軍基地導彈發射站。

1967年3月，在蒙大拿州馬爾姆斯特羅姆空軍基地(Malmstrom Air Force Base)美國空軍上尉薩拉斯(Robert Salas)負責管控10枚洲際飛彈，當發出紅光的不明飛行物出現後，10枚洲際飛彈突然進入「禁止發射」程序，這意味著即使上級有命令，也無法發射。薩拉斯聲稱，在發生這事的前8天，也就是1967年3月16日，另一個核彈發射控制設施也發生了類似的事件。

1967年，此時NASA已經有系統地修改圖片、銷毀圖片。

1968年04月，羅馬俱樂部(The Club Of Rome)創立，是全球第一個台面上的聯合智囊團，研究方向：「人類困境」，暨「未來學」。成立4年後出版了第一個研究報告《增長的極限》

1968年，休斯頓航天中心捕捉到一次月面UFO事件。

1968年10月11日，阿波羅3號載人任務開展，從此開始很長一段時間，NASA掌握了所有星空照片、星體照片和膠卷。

1969年07月21日，登月並設置被動月震實驗儀(PSE)，該設備用於收集月震波如何穿過月球內部。(登月過程中的大部分照片和膠卷「遺失」)

1969 年 11 月 14 日，阿波羅 12 號確認了月球內部的空心狀態。

1971 年 08 月 07 日，阿波羅 15 號 Apollo 15 拍攝到了月球上的宇宙飛船。

1971 年 NASA 公佈的阿波羅 15 號拍到的照片，這張照片也拍到了這個位置的神秘「雪茄」照片（代碼 AS-P-9625）。NASA 的官方照片可以在 LPI（位於侯斯頓的月球和行星實驗室）的網站上看到，這是一個為 NASA 以及行星研究團體提供支持服務的研究機構。

1971 年 11 月 13 日，成為火星第一顆人造衛星的「水手 9」號探測器，在它拍攝的火星表面照片中，也有人發現在埃利西高原地區有類似金塔的建築群，在南極地區有幾何構圖十分方整的城市遺跡。

1973 年，羅茲威爾事件的飛碟逆向複制品存放在愛德華空軍基地一直持續到 1995 年。

1974 年，基辛格簽署美國《國家安全研究備忘錄第200號》。

1975 年，NASA「海盜一號」在火星拍攝到「火星人臉」。

1976 年 07 月 20 日，火星登陸。

1976 年 09 月 18 日，伊朗 UFO 追擊事件。（整件事被美國間諜衛星記錄了下來。）

1977 年 01 月，卡特總統要求 CIA 局長老喬治·布殊移交美國所有的 UFO 研究信息給國會，被拒絕。後在眾議院科學技術委員會指導下，外星人與人類關係議題交給國會研究服務處科學技術辦公室研究，CRS 曾通過美國耶穌會總部申請訪問梵蒂岡外星人檔案庫失敗。

1977 年 05 月，美國天主教總部通過法律顧問獲得了「藍皮書計劃」的部分資料，後指示美國基督教聯合會下屬 54 個教派研究以前曾反對的東西。

1977 年 05 月 01 日，法國政府宣佈成立「不明航天現象研究小組」（GEPAN），由波厄負責，格林也是團隊成員。

1977 年 06 月 20 日，英國電視節目播出 了《備選方案 3》（The Alternative 3）。

1980 年起，美國放置在英國北約基地的核武器被 UFO發射光線照射。

1980 年 12 月 24 日聖誕夜，在英國薩福克郡倫德爾舍姆森林（Rendlesham Forest）附近的一系列不明發光 UFO 目擊和第二類接觸事件。事件發生在當時由美國空軍使用的英國皇家空軍伍德布里奇基地（RAF Woodbridge）外，基地的美國空軍人員及其副指揮官查爾斯·哈爾特（Charles I. Halt）中校皆聲稱目擊到了 UFO。

1981 年 01 月 09 日，法國普羅旺斯 UFO 登陸事件。（外星人搜集地球物種）

1984 年起，愛爾蘭國防部便不再將 UFO 的目擊事件列入機密檔案之中。

1986 年 11 月 13 日，美國聯邦航空總署（Federal Aviation Administration, FAA）得到了獲得了第一個 UFO 墜毀的雷達錄像。

1988 年，美國海軍天文台的負責人羅伯特．哈靈頓博士（R.S.Harrington）發表了一篇關於太陽系內第十大行星的研究的論文（X 行星）。

1988 年，2012 陰謀論由此開始。2012 年現象是指一系列認為 2012 年 12 月 21 日左右世界出現災難性或變革性事件的末世論觀點。

1989 年 11 月，Bob Lazar 被推動接受採訪並透露了些許 UFO 最高機密，也是外界首次聽聞 S4 基地的秘密。

1990 年，高頻主動式極光研究項目（High Frequency Active Auroral Research Program, HAARP），是一個由美國空軍、美國海軍、國防高等研究計劃署及阿拉斯加大學所共同合作的電離層研究計劃。HAARP 計劃在阿拉斯加加科納設有一個由美國空軍負責管理的研究設施，被稱為 HAARP 研究站（HAARP Research Station）。

1990 年 08 月 30 日，撒迦利亞．西琴（Zecharia Sitchin）採訪了羅伯特．哈靈頓博士（Dr. Robert Harrington）。

1992 年，人們找到了第一個柯伊伯帶天體（Kuiper Belt Object）。

1993 年，Steven Greer 博士開始 UFO 揭秘工程。

1994 年，參議院撥款委員會調查顯示每年有 400 ~ 800 億美元流向機密計劃，而且無權調查。

1997 年，美國鳳凰城 UFO 事件，發生在美國亞利桑那州鳳凰城的不明飛行物事件。當天有 7000 多人發現夜空中有呈 V 字形排列的數個光點緩緩飛行，為近代少有的集體目擊不明飛行物事件。

2001 年 05 月 09 日，Steven Greer 博士在美國國家新聞中心啟動星際政治揭秘工程第一階段，鼓勵更多的科學家、知情者、證人站出來揭露現代人類世界最大的秘密，同時也是人類首次召開面向星際的新聞發佈會。

2001 年，上述發佈會後，疑似有英國政府背景的世界頭號黑客加利．麥金農（Gary McKinnon）受啟發以美國國防部為跳板進入 NASA 尋找外星人的信息，後在 NASA 下載機密圖片時被鎖定並逮捕。

2001 年 09 月 11 日，9-11事件發生。全球民眾開始關心陰謀論的真實性，「光明會」「共濟會」等秘密組織研究在互聯網上洶湧而出，美國政府的秘密部門和黑項目，黑預算也被帶出來不少。

2004 年起，電子前線基金會（Electronic Frontier Foundation）開始資助 Tor（洋蔥路由），暗網開始平民化，一些稀奇古怪的精英秘密和世界內幕開始在網路上傳播。

2005 年，梵蒂岡首次邀請頂尖研究人員召開學術會議探討外星人存在的可能性。

2006 年 11 月 07 日，美航員工和飛行員據稱在芝加哥歐海爾機場上空看到了飛碟狀懸浮物體。美國聯邦航空總署（Federal Aviation Administration, FAA）起初拒絕承認收到了報告，但是由 Freedom of Information Act 放出的消息證實了這一目擊事件。

2007 年 3 月 22 日，法國國家宇航局 22 日在一個網站上公開了法國的 UFO 檔案，這些檔案涉及過去 50 年裡發生的 1600 多起目擊事件。這使法國成為第一個公開 UFO 檔案的國家。

2007 年 04 月，一個網名叫「retiredafb」的人開始在 YouTube 上傳了一系列關於「Apollo 20」號的視頻，在西方引起巨大轟動，視頻中的三眼女屍和月球上的宇宙飛船令人印像深刻（視頻制作精美，但是無法辨別真假）。

2007 年，美國前宇航員、「登月第六人」埃德加 · 米切爾（Edgar Mitchell），接受採訪時首次透露自己的信仰改變情況【登月回憶：埃德加· 米切爾 - 從宇航員到玄學家】。

2008 年 02 月起，一個網名叫「Nibirushock2012」的人開始宣揚「Nibiru」和「PlanetX」，2012 陰謀論開始塵囂至上。

2008 年 02 月，聯合國召開史上的一次聯合密會（探討外星人），之後決定釋出全部的外星人檔案，英國，法國，歐洲國家釋出全部的消息。

2008年起，英國國防部陸續公布UFO檔案。

2008年05月，富內斯神父在《羅馬觀察報》（L'Osservatore Romano）發文表示，相信宇宙有比人類更聰明的生物存在，與天主教信仰並不矛盾。這是天主教廷官方報紙首次發佈這種言論。

2008年，布殊總統收回51區管理權交給國防部。

2009年04月，米切爾博士在美國華盛頓的一場外星人問題討論會《ETs X Conference Washington》上作演講。

2009年07月25日，Steven Greer啟動星際政治揭秘工程第二階段暨【2009星際政治揭秘工程歐洲高峰會談】。

2009年，年底，奧巴馬準備披露外星人情況，後因國家安全原因阻止。

2011年，NASA在火星帕弗尼斯火山上發現一個直徑35米的洞（2020年才對外披露）。

2011年10月28日，上傳至youtube的視頻，美國航空航天局前宇航員、普林斯頓大學物理學教授布萊恩·歐立瑞（Brian O'Leary）博士說：「有許多證據顯示，我們已經和外星人接觸，而且外星人觀察我們人類很久了。他們的外表比我們想像的更怪。」而那些外星人使用意念科技、圓環（toroids）推進器、同向旋轉磁鐵（Co-Rotating Magnetic Disks）引擎，所以產生飛碟特有的飛行現象。

2012 年 07 月 12 日，英國國防部公佈了數千頁政府秘密檔案，記錄了過去 30 年研究 UFO 的情況，同時介紹了英國政府 UFO 辦公室及前首相貝理雅的 UFO 政策。

2013 年 3 月 05 月，Rich Dolan 博士採訪前中情局特工「(UFO 揭露公民聽證會) 一名垂死的前中央情報局特工道出了一切」。(採訪時 77 歲)

2013 年 04 月 29 日，Steven Greer 啟動星際政治揭秘工程第三階段暨美國華盛頓特區舉行的 (UFO揭露公民聽證會)。

2013 年 08 月 15 日，美國政府在解密文件中首次承認「51區」的存在。

2013 年 09 月 20 日，研究外星文明的網站「Sirius Disclosure」公佈航空航天局前太空人戈爾登・庫珀 (Gordon Cooper) 接受採訪的視頻。

庫珀說：「我認為，他們害怕世界知道真相後出現恐慌，於是他們就用一個新的謊言掩蓋以前的謊言，現在他們也不知道該怎麼掩蓋真相了，因為飛來飛去的外星人太空船實在太多了。」庫珀是太空工程師，參與過水星「大力神9號」以及「雙子星5號」等太空探測任務。

2014 年 01 月，加拿大前國防部長保羅・赫勒 (Paul Hellyer) 接受俄羅斯《SophieCo》節目採訪時指責很多國家領導人故意向公眾隱瞞外星人存在的真相。

2014年，美國航太科學家布希曼（Boyd Bushman）在2014年8月7日辭世前不久，曾接受航空設計師帕特森（Mark Q. Patterson）訪問。他在訪問中爆料說，飛碟和外星人都是真的，目前還有18名外星人在神秘的51區內工作。由於布希曼本身是在洛克希德馬丁（Lockheed Martin）裡任職的工程師，資歷背景很有說服力。

2015年，NASA的好奇號拍攝到了火星上的匙羹。

2015年08月，美國前宇航員、「登月第六人」84歲的埃德加·米切爾　（Edgar Mitchell）臨死前密集接受電視台採訪，透露外星人信息，太平洋沿岸的一些官員告訴他，試驗導彈經常被外星人飛船打下來......隨後NASA出面否認。

「外星人想知道我們的軍事能力。我清楚外星人試圖阻止我們發生戰爭，想幫助地球人創建和平。」

「美國在新墨西哥州的白沙試驗場（White Sands Missile Range）是原子彈的試驗場，是地外文明感興趣的地方。」

1945年7月16日，白沙試驗場進行世界第一次核試驗時，UFO懸停在試驗場的上空。

2015年08月25日，NASA官方公佈了一段視頻，該視頻顯示一個香煙形狀的不明飛行物高速飛過國際空間站。

2016年07月01日，好奇號在火星上拍攝到奇怪雕像頭。

2017 年 01 月 19 日，CIA 解密 1300 萬頁文檔，允許任何人瀏覽 1940-1990 年期間的解密情報報告、簡報及其他一度機密的文件，涉及 UFO 調查：CREST: 25-Year Program Archive。

2017 年 12 月 19 日，13 萬頁美空軍 UFO 研究文件曝光。

2017 年 12 月 20 日，美國國防部日前承認，曾在 2007 年到 2012 年秘密撥款 2200 萬美元研究不明飛行物（UFO）於「先進航太威脅識別計劃」（Advanced Aerospace Threat Identification Programme）。五角大樓發言人證實了這項計劃的存在。

美國國防部的一段錄像顯示，美國海軍 F/A-18 戰機 2004 年在美國加利福尼亞州聖地亞哥市附近海域上空追逐一個「民航機大小的白色橢圓形物體」。

2018 年 03 月 08 日，secureteam10在月球北緯21° 4'2.23"、東經148° 39'12.30"的在一處坑洞，發現 5 條疑似柱子。

2019 年 04 月 25 日，媒體報道美國海軍制定了「不明飛行物目擊報告準則」，落後了美國空軍將近 60 年。

2021 年 03 月 22 日，美國前國家情報總監約翰 · 拉特克利夫（John Ratcliffe）透露，美國有秘密證據表明，不明飛行物在沒有音爆的情況下打破了音障，並且進行人類沒有的技術動作。

神秘學事典III

UFO機密檔案解密

作者　　：關加利 Gary Kwan、列宇翔
出版人　：Nathan Wong
編輯　　：尼頓
封面繪圖：偉安

出版　　：筆求人工作室有限公司 Seeker Publication Ltd.
地址　　：觀塘偉業街189號金寶工業大廈2樓A15室
電郵　　：penseekerhk@gmail.com
網址　　：www.seekerpublication.com

發行　　：泛華發行代理有限公司
地址　　：香港新界將軍澳工業邨駿昌街七號星島新聞集團大廈
查詢　　：gccd@singtaonewscorp.com

國際書號：978-988-75975-8-2
出版日期：2022年7月
定價　　：港幣150元